KB251463

아내 CEO
가정을 경영하라

아내 CEO
가정을 경영하라

# 아내 CEO 가정을 경영하라

**초판 1쇄 발행** 2015년 8월 3일
**초판 3쇄 발행** 2017년 3월 13일

**지은이** 최미영
**펴낸이** 백유미

Publishing Dept.
CP 조영석 | Chief editor 박혜연 | Editor 이주영 조지영
Marketing 이원모 이지희 조아란 | Design 문예진 엄재선

Education Dept.
Chief Creator 김주영 | Manager 이정미

Management Dept.
Manager 박은정 임미현 윤민정

**펴낸곳** 라온북
**주소** 서울시 서초구 효령로 34길 4, 프린스효령빌딩 5F
**등록** 2009년 12월 1일 제 385-2009-000044
**전화** 070-7600-8230 | **팩스** 070-4754-2473
**이메일** raonbook@raonbook.co.kr | **홈페이지** www.raonbook.co.kr
**값** 12,800원
ISBN 979-11-5532-178-2 13320

이 책은 저작권법에 따라 보호를 받는 저작물이므로 무단전재 및 복제를 금지하며, 이 책 내용의 전부 및
일부를 이용하려면 반드시 저작권자와 (주)니카 라온북의 서면동의를 받아야 합니다.

이 도서의 국립중앙도서관 출판시도서목록(CIP)은 서지정보유통지원시스템 홈페이지(http://seoji.nl.go.kr)와
국가자료공동목록시스템(http://www.nl.go.kr/kolisnet)에서 이용하실 수 있습니다.
(CIP제어번호 : CIP2015019458)

* 라온북은 (주)니카의 출판 브랜드입니다.
* 잘못된 책은 구입한 서점에서 바꾸어 드립니다.

라온북은 독자 여러분의 다양한 아이디어와 원고 투고를 설레는 마음으로 기다리고
있습니다. 머뭇거리지 말고 두드리세요.

**보내실 곳** raonbook@raonbook.co.kr

# 아내 CEO 가정을 경영하라

대한민국 1호 아내 CEO 최미영의 우리 집 경영법

최미영 지음

라온북

대한민국 1호 아내 CEO 최미영!

# 나는 참 괜찮은 아줌마입니다

'도대체 왜 나만 이런 거야?'

충남 부여군 옥산면에 위치한 작은 시골 마을, 초등학교 4학년이던 나는 추운 겨울에 혼자서 나뭇짐을 메고 산에서 내려오다가 나무뿌리에 걸려 데굴데굴 굴렀다.

상처투성이였으나 아픈 줄도 모른 채 얼굴은 눈물과 콧물이 뒤범벅되어 있었다. 하는 일마다 실패를 거듭한 아버지는 늘 방황했으며 몸이 아팠던 엄마는 술과 담배에 의지하셨다.

이런 가정에서 맏딸로 태어나 무거운 짐을 짊어지고 살아가 던 아이는 매일 속으로 소리 없는 아우성을 쳤다.

37년 전 나는 "저런 집에서 태어난 자식이 잘 되어봤자지. 그 부모에 그 자식이야"라는 사람들의 말이 틀렸다는 것을 보 여주기 위해 다짐하고 또 다짐했다. 그래서 나는 더 열심히 공부했고 더 모범생처럼 살았다.

또래 친구들의 사춘기 방황은 내게 사치였다. 생활보호 대 상자 중에서 성적이 우수한 학생에게 주는 장학금을 받아 고 등학교를 무사히 졸업할 수 있었다.

상처투성이였던 나는 서울로 올라와 다시 한 번 비장하게 굳은 결심을 했다.

'내가 왔다! 반드시 성공할 거야. 두고 보라고!'


## 처지가 똑같은 남자를 만나다


머리 둘 곳 없는 서울 땅에서 유일하게 의지가 되는 고등학 교 친구를 찾았다. 친구는 빛도 한줄기 들어오지 않는 캄캄한 단칸방에서 오빠와 둘이 자취하고 있었다. 나는 며칠 동안 그 곳에 머물면서 친구와 친구 오빠와 이런저런 얘기를 나누었다.

찢어지는 가난이 싫어 억척같이 한푼 두푼 모으며 '나는 반드시 부자가 될 거야'라고 미래를 꿈꾸는 친구의 오빠가 어쩜 나랑 그렇게 같은지… 그 때문이었는지 우린 서로에게 마음이 끌렸고 우리의 결혼 생활은 여기서부터 시작되었다.

### 30년 일기와 23년의 가계부, 중고서점에서 모은 책

나는 매일 부모님에 대한 원망과 삶의 고단함을 일기에 녹여냈다. 또 가난을 극복하기 위한 전략을 매일같이 가계부에 담았다. 삶의 무지에서 벗어나 더 나은 미래를 찾기 위해 중고서점에서 골라온 책은 내면의 힘을 길러준 유일무이한 나의 무기가 되었다.

세상 누구도 초라한 우리 부부에게 시선을 주지 않았다. 우리 부부가 낳은 세 아이는 유난히 호기심이 많아 남들이 하지 않는 행동을 했다. 그러다보니 산만한 문제아로 늘 지적을 당했다. 이렇게 우리 가정은 평균에도 미치지 못하는 가족으로 구성되어 있었다. 높은 세상의 편견과 선입견에 맞서 싸우는 과정 속에서 내 결심은 더 확고해졌다. 그렇게 나는 아내 CEO로서 가정 혁명을 이루어냈다.

### 쓰디쓴 인생의 고통을 성공의 씨앗으로

부모님께서 물려준 타고난 내 재능은 인생의 황무지에서만 피어날 수 있는 꽃이었다. 가정교육 불모지에서 태어났기에 책을 찾았고, 책에서 얻은 지식은 그대로 내 것으로 만들었다. 누구에게도 도움을 받을 수 없었기에 예기치 않은 문제가 발생할 때마다 피하지 않고, 정면으로 돌파했다. 그럴 때마다 문제를 해결하고픈 간절함과 절실함은 늘 내게 해결책을 주었다.

작은 일이든 큰일이든 '해내고야 말겠어'라고 다짐을 거듭했던 나는 어떠한 장애물이 있어도 굴복하지 않았다. '이렇게 되면 어떤 일이 벌어질까?', '저렇게 하면 또 어떤 일이 벌어질까?'라고 반복해서 자문하다 보면 나는 다음에 일어날 일을 예측할 수 있었다.

나는 문제가 생길 때마다 여러 방향으로 가능성을 열어놓고 생각했다. 하루를 반성하는 일기는 문제의 원인이 나에게 있다는 것을 알게 하였고, 끊임없는 성찰을 통해 문제와 해결점을 찾을 수 있었다. 어릴적, 고난의 원인을 부모님 탓으로 여기며 원망하고 불평하면서 쌓인 분노는 그렇게 감사로 바뀌었다.

이 책을 읽는 여러분도 현실을 탓하지 말고 부모님에게 물려받은 성공의 밑천이자 종자인 개인의 재능을 찾아 세상에 과감히 내지르길 바란다.

성공의 크기는 중요하지 않다. 크든 작든 내 목표를 성취한 성공자가 되어 행복하게 살아야 한다는 것이다.

너무나 고단했던 삶을 살다가 20년 전에 고인이 된 엄마와 18년 동안 우리 가족을 위해 사랑으로 헌신하며 기도하시는 새엄마, 어느새 연로해지신 몸으로 사위의 일을 돕고 계시는 아버지께 이 책을 바친다. 그리고 각자 주어진 삶을 잘 개척해나가는 고마운 세 아이와 외로운 나에게 따뜻한 손을 내밀어주고 가정을 위해 자기의 삶을 포기한 남편에게 감사의 마음을 전한다.

꼭꼭 숨겨두었던 마음 깊은 곳의 이야기를 끌어내 이 책을 출판하기까지, 책쓰기를 지도해주신 조영석 소장님의 노고가 있었다. 인생의 임계점을 뛰어넘는 진정성 있는 사람을 찾는 일에 열정과 소울을 바치시는 조영석 소장님께 다시 한 번 머리 숙여 감사드린다.

대한민국 1호 아내 CEO
**최미영**

# 목차

# 대한민국 1호 가정기업 CEO 성과보고서

가난한 열등생에서 희망의 아이콘으로 ◆ 꿈과 가치가 있는 가정 설계 ◆ 30년 일기와 23년 가계부의 힘 ◆ 350만 원 단칸방과 15억 원 건물 사이 ◆ 내 멋대로 육아 프로젝트 ◆ 1만 원으로 10억 원 만든 재테크 달인

아내 CEO
가정을 경영하라

# 가난한 열등생에서
## 희망의 아이콘으로

'왜 나는 더 좋은 집에서 태어나지 못했을까?'

바람 불면 날아갈까 아이를 살뜰히 챙기며 등하굣 길에 서서 기다리고 있는 친구의 엄마를 보면서 기가 죽은 채 몰래 품었던 생각이다.

어린 시절, 내가 제일 무서웠던 것은 가난 자체가 아니었다. 가난 속에서 생긴 열등감이었다. 하루에도 몇 번씩 부모님의 싸움을 지켜볼 수밖에 없었던 환경에서 자라며 소리 없이 울던 나날이었다. 아빠가 해야 할 땔감 나무와 엄마가 해야 할 밥은 고스란히 나의 몫이었다. 나는 늘 자존감이 없는 상태로 자라났고 나를 돌보지 않는 부모에 대한 원망은 매일 차곡차곡 쌓이고 있었다.

나는 다른 아이들보다 철이 일찍 들었고 세상을 바라보는 관점이 또래 아이들과 달랐다. 또래와 사귀며 비교하고 나를 낮추는 대신 길에 있는 꽃과 친구가 되고, 나무와 친구가 되어 혼잣말을 하며 놀았다. 그때 생긴 버릇이 하나 있다. 혼자 묻고 답하는 것이다.

"너 오늘 기분이 어때?"

"별로."

"오늘 선생님이 들려주었던 콩쥐 이야기 재미있었지?"

"나도 콩쥐잖아…."

빨리 집에 돌아가서 할 일이 쌓여 있었던 나는 또래 친구들과 어울리기보다는 혼자 질문하고 대답하며 매일 바삐 집으로 향해야만 했다.


사춘기에 들어선 나는 '이렇게 살아서 뭐하나?' 하는 생각에 삶을 비관하기 시작했다. 왜 살아야 하는지 삶의 정체성을 찾지 못한 채 방황했다. 하지만 "그 부모에 그 자식이지"라는 말이 틀렸다는 것을 보여주고 싶었기에 나와의 치열한 싸움으로 하루하루를 이겨내며 살았다.

부모의 불화를 보고 자란 나는 절대로 결혼 같은 건 하지 않겠다고 생각했다. 그런 내가 자라서 성인이 되고 나와 똑같은 처지의 남자를 만나 가정을 이루었다. 그리고 상상도 할 수 없는 어려운 형편을 딛고 당당하게 세상 앞에 서게 되었다.

최근 이혼 가정이 늘면서 한국은 아시아 1위의 이혼율을 기록했다. 뿐만 아니라 세계 자살 순위 2위라는 아픈 기록도 가지고 있다. 최근 통계청에 의하면 한 해 약 10만 명의 청소년이 가출하고, 그로 인한 범죄가 일어나고 있다고 한다. 악순환에 빠진 경제 상황과 치열한 경쟁에 노출된 현실 앞에 많은 사람들은 입을 모아 대한민국의 위기라고 말한다.

예전에 비해 살기는 더 좋아졌는데 왜 이런 비극적인 결과가 나온 것일까? 바로 가정의 부재, 가정의 해체, 가정의 고립화, 가정파괴 때문이다. 방법이 없다고 말하지 말자. 한 가정이 바로 서면 이런 비극적인 현실이 현저히 줄어든다.

내가 선택해서 만난 사람과 살면서 아이를 낳고 한 가정을 이루었으면 모든 어려운 환경을 딛고 함께 일어서야 할 사명이 있다. 이 사명을 이루는 자가 진정한 인생의 승리자다. 가정이라는 공동체의 위대한 가치를 느끼고, 그 가치를 지키기 위해 노력해야만 한다.

이 세상에서 가장 따뜻하고 힐링의 원천이 되며 고단한 인생 가운데 한결같이 쉼을 얻어야 하는 곳이 바로 가정이다. 이런 작은 가정이 모여 따뜻한 사회를 만들고, 나아가 건강한 국가를 이룬다. 씨앗은 썩어야 많은 열매를 맺는 법이다. 그러므로 가정이 위기에 처해 있는 지금이 바로 기회이다.

아내 CEO들에게는 급변하는 환경 속에서 미래의 생존과 지속적인 성장을 위해 가정을 세워야 할 사명이 있다. 힘들다고 하지 않는 것은 사명이 아니다. 목숨을 내놓고 사력을 다해야 한다. '나 하나 노력한다고 가정이 바로 서겠어?'라는 생각은 버리자. 세상이 시선을 주지 않는다 해도 내 가정은 이 세상에 유일하게 존재하는 단 하나의 가정이라는 자부심을 갖고 지켜나가야 한다. 그것이 대한민국 아내의 운명이다.


"축하합니다. 임신 2개월입니다."

청천벽력같은 소리를 들었다. 연탄불을 피우고 네 가정이 공동화장실을 사용해야 했던 방 한 칸의 가난한 생활 속에서 벗어나고자 몸부림치는 도중 듣게 된 셋째 아이 임신 소식이었다. 의료보험 혜택마저 없던 해였다. 차마 남편에게 입이 떨어지지 않았다. 상황이 너무 악조건이어서 도저히 용기 한 자락도 꺼낼 수 없을 지경이었다.

"나 임신이래."

한동안 무거운 침묵이 이어졌고 나는 하염없이 눈물을 흘렸다.

"나에게도 시간을 줘."

남편이 말했다. 나는 가슴이 미어졌다.

"나는 도저히 아이를 포기할 수 없어. 앞으로 내가 살아가는 동안 내가 입을 옷, 신을 신발, 바를 화장품 다 포기하고 이 아이에게 양보하면서 키울게."

나의 비장한 결단에 책임감이 투철한 남편 역시 마음이 움직였고, 우리는 아끼고 또 아끼며 또 한 명의 가족을 만나기 위한 준비를 시작했다.

1996년 12월, 셋째 아이는 건강하고 사랑스러운 모습으로 우리에게 찾아와주었다. 이 아이가 온 뒤로 우리 집은 방 두 칸으로 이사했다. 더욱 다행이었던 것은 셋째 아이가 나오기 두 달 전에 의료보험 혜택을 받게 된 것이다. 역시 우리 아이가 복덩이구나 싶었다. 그 뒤로 남편의 일도 잘되기 시작했다. 그렇게 셋째는 우리 집에 희망을 불어넣어 준 고마운 선물이 되었다.

이 세상에 생명보다 더 소중하고 큰 가치는 없다. 그러므로

우리는 생명을 잉태하는 가장 작은 단위의 사회, 가정을 바로
세워야 한다.

현대사회의 많은 핵가족화들은 무엇을 위해 숨가쁘게 달리
고 있는가? 지금 잠시 멈춰 돌아봐야 한다. 바쁘다는 핑계 속
에 가족들의 대화가 사라지고, 가정의 정서가 메말라가는 것
을 알아야 한다.

세상이 만들어놓은 성공지상주의에서 한발짝 물러나 보자.
우리가 찾는 행복은 틀림없이 가정 안에 있다는 것을 발견하
게 될 것이다.



가족을 지키는 것은 돈이 아니라 여유 있는 따뜻한 마음이다.
"나는 가난해도 우리 집이 제일 좋아!"

# 꿈과 가치가 있는
## 가정 설계

"불이 꺼졌네."

겨울이 되면 연탄으로 추위를 견뎌야 했다. 시간을 깜박해 연탄을 갈지 않으면 불이 꺼졌다. 불을 다시 피우려면 여간 고역이 아니었다. 빨리 가스난방이 되는 집으로 이사하고 싶었다. 둘째 아들이 태어났을 무렵, 중학교에 다니는 나의 늦둥이 여동생까지 다섯 식구는 방 한 칸에서 콩나물시루처럼 살았다. 네 가정이 공동화장실을 사용하는 열악

한 환경이었다.

"반지하라도 좋으니 방 두 칸짜리로 이사 가자!"

닥치는 대로 열심히 집에서 부업을 했다. 마침 친정이 경기도로 이사해 막냇동생은 부모님과 함께 살게 되었고 동시에 우리 집도 1996년 9월에 전세 2천 400만 원짜리 집으로 이사하게 되었다. 그것도 반지하 방 두 칸짜리로 말이다.

정말 기뻤다. 하지만 그 기쁨도 잠시, 지방대를 졸업한 시동생이 직장 때문에 서울에 올라와 방 한 칸을 내주어야만 했고 그 무렵 셋째 딸이 태어났다. 다시 콩나물시루 생활로 돌아간 것이다. 남편은 돈을 벌어야 했기에 가정에 신경을 쓸 틈이 없었다. 혼자서 세 아이와 시동생을 돌보며 부업으로 번 돈으로 가정을 꾸리다 보니 시간이 어떻게 가는지도 모르게 살았다. 저녁이 되면 피곤하고 지친 몸이 방바닥에 철썩 붙어 떨어지지 않았다. 이것이 나에게는 또 다른 비바람이었다.

닿을 수 없을 것만 같은 높은 부의 장벽을 느낄 때마다 작아지다 못해 숨어버리고 싶을 정도로 창피할 때도 있었다. 시댁이나 친정도 기댈 구석이 없었다. 오히려 얼마라도 모아서 도와드려야 할 형편이었다. 가족은 무거운 짐이 되어 우리를 따라다녔다. 저녁마다 일기장에는 눈물진 넋두리로 가득 찼다.

그럴 때마다 '내가 선택한 길인데 왜 좌절하고 낙망하는가?' 채찍질하며 다시 마음을 다독였다. 그러나 아침에 눈을 뜨면 다시 냉혹한 현실이었다.

다행히 어릴 적 고생으로 일찍이 인생의 쓴맛을 알았기에 스스로를 다독이며 좋은 집, 좋은 가구, 좋은 옷, 좋은 차 등의 유혹을 뿌리칠 수 있었다. '그래, 언젠가 나도 갖고 싶은 거, 사고 싶은 거 마음껏 살 수 있을 때가 올 거야'라는 상상으로 하루하루를 버텨냈다. 고단한 삶은 나를 더욱 강하게 만들었고 세 아이의 눈망울을 보며 '이 아이들에게는 절대로 가난은 물려주지 말자'라고 굳게 다짐했다.

그렇게 스스로를 채찍질하며 이번에는 지상에 있는 방 세 칸짜리로 이사 가기 위해 악착같은 생활을 다시 이어나갔다.

2년 후인 1998년 10월, 전셋값이 하락해 생각보다 넓은 집이 이곳저곳에 많이 나와 있었다. 집을 찾는 발걸음은 구름 위를 걷는 느낌이었다. 첫아이가 초등학교에 입학할 때가 되어 학교에서 가까운 곳에 있는 집을 선택했다. 우리 가족은 드디어 지상 2층에 있는 방 세 칸짜리 집으로 이사하게 되었다. 전세 5천 500만 원인데 200만 원을 깎아서 5천 300만 원에 2년 계약을 했다. 지하에서 지상으로 올라온 기쁨이란 말로 표현할 수 없을 정도였다.

우리나라가 외환위기를 겪으며 IMF로부터 긴급자금을 공급받았던 1998년부터 약 3년여간을 'IMF 시대'라고 불렀다. 많은 기업들이 줄줄이 부도가 났고, 하루에도 수십 개의 가게들이 문을 닫았다. 하루아침에 직장을 잃은 실업자가 속출하던 그야말로 최악의 경제 상황이었다. 이 어려운 시기에 이사할 수 있었던 것은 셋째 딸이 태어난 뒤 기적처럼 남편의 사업이 잘 풀리기 시작했기 때문이다.

"오늘 저녁에 시골에 다녀와야겠어. 어머니하고 통화했는데 두 분이 많이 아프신 것 같아."

시골에 내려간 우리는 너무나 초췌해진 부모님 모습에 깜짝 놀랐다. 상황은 이랬다. 아주버니께서 하시는 사업이 부도가 났고 생계유지를 위해 어머니께서 농협에 사업자금을 대출받아 주었다고 한다. 연 18%(변동금리)의 대출은 한 달에 100여만 원에 이르는 이자를 가져왔다. 평생 빚이라곤 모르고 사셨던 시아버지께서는 속병으로 앓아누우셨다. 하지만 그 시기는 어느 집이나 어려움이 있던 상황이라 감수하고 받아들여야 했다.

이제 가까스로 어려운 상황에서 벗어나 숨 좀 돌리려던 차에 또다시 닥친 짐 보따리에 이 일을 어떻게 수습을 해야 하나 마음이 무거워졌다.

다음 날 아침에 결심을 하고 말했다.

"어머니, 이자 빠져나가는 마이너스 통장 저에게 주세요. 일단 이 통장에 돈을 몰아야겠어요. 그래야 이자가 덜 나오죠. 그리고 너무 걱정 마세요. 가족들이 합심하면 이 위기를 잘 벗어날 수 있을 거예요."

그렇게 부모님을 안심시킨 뒤 통장을 받아들고 서울로 올라왔다. 아이들의 백일, 돌잔치에 들어온 금반지를 모두 팔고 일반 통장에 있던 돈들을 다 찾아서 넣고, 월급이 들어오면 임시로 마이너스 통장에 모두 몰아넣었다. 워낙 검소하고 알뜰한 경제관념이 몸에 배어있던 터라 이 와중에도 3년 적금으로 1천만 원을 손에 쥐게 되었다.

"여보, 오늘 저녁 축하 파티하자. 드디어 3년 적금이 만기됐어. 1천만 원이 생겼다고!"

이 기분을 채 만끽하기도 전에 시골에 계신 시부모님이 생각이 나서 도저히 모른 체 할 수가 없었다. 얼마나 어렵게 돈을 모았는지 아는 남편은 선뜻 말을 꺼내지 못했다.

'혼자보다 모두 기뻐하고 좋아할 선택을 하자!' 그렇게 눈 딱 감고 마이너스 통장에 적금으로 탄 돈을 모두 넣었다.

때로는 내 욕심 때문에 더 좋은 가치를 놓치는 경우가 많다. 그러나 살면서 깨달은 것이 하나 있다. 욕심을 비울 때는 힘들지만 비우고 나면 많은 사람들이 좋아하고 함께 행복할 수 있다는 것이다. 이만하면 비용 대비 최고의 수익률을 낸 것이 아니겠는가!

마침 어머니가 모으던 적금도 만기가 되어 빚을 모두 갚을 수 있었다. 평상시 감정 표현이 별로 없는 시아버지께서 손을 잡으며 고맙다고 하실 때는 나도 모르게 코끝이 찡했다.

하지만 "고맙다"는 말을 들으려고 한 행동은 아니었다. 세 아이를 데리고 아등바등 살면서 시동생과 함께 반지하 콩나물시루에서 벗어나지 못했던 때가 엊그제였는데 나라고 이렇게 행동하는 것이 쉬웠겠는가 말이다. '

다만 나 혼자 잘 살면 마음이 편하겠는가' 싶어 고심 끝에 내린 결단이었다. 그리고 이 일을 계기로 부자로 가는 꿈의 설계는 더 세밀해지고 확고해졌다.

당시 집안 식구들의 상황을 짐으로 생각하며 나만 생각했더라면 내 목표와 꿈의 크기는 작아졌을지 모른다. 그러나 가족과 함께하는 생활의 무게는 우리 부부에게 한눈팔 기회를 주지 않았고 부자의 꿈을 향해 더 열심히 뛸 수 있도록 만든 원동력이 되었다.

누구나 인생이 고달프다고 말한다. 삶의 짐이 무겁다고 말한다. 비록 먹고 살기는 편해졌다고 하지만 어쩌면 내가 살았던 시절보다 지금이 더 참혹한 시대일 수 있다. 하지만 고통을 회피하려 하지 말고 받아들여야 한다.

고통도 내 인생의 일부라 생각하자. 이 고통이 있기 때문에 행복을 마음 깊이 느낄 수 있는 것이다. 그리고 고통을 이겨낸 자만이 진정한 인생의 맛을 느낄 수 있다.

# 30년 일기와
# 23년 가계부의 힘

나의 일기는 질풍노도의 사춘기 시절을 맞이한 고등학교 1학년 시절, 국어 선생님으로부터 시작되었다. 당시 선생님께서는 일기를 "세상에서 둘도 없는 나의 가장 소중한 벗"이라고 소개하셨다. 선생님 자신도 오랫동안 일기를 쓰며 감정을 다스리고, 정리하여 책으로까지 묶어 낸 분이셨다. 일기를 단순한 생활의 기록이 아닌 예술의 차원까지 승화시킨 선생님의 책은 나에게 큰 감동을 주었다.

내게 매일 일기 쓰는 습관을 익히게 하기 위해서 늘 관심을 가지고 격려해주셨던 국어 선생님과의 따뜻한 만남은 세상에 대한 원망과 불평으로 가득하던 나에게 신선한 돌파구가 되었다.

그렇게 시작한 일기는 이제 내 인생의 동반자다. 일기는 가난을 극복하고 열등감에서 벗어나 자존감을 회복하게 해준 고마운 인생의 멘토이자 지금의 성공을 불러다 준 일등공신이기도 하다. 왜 나에게만 이런 일이 일어나냐며 원망하던 시절은 이제 지나온 과거일 뿐이고 옛이야기가 되어버렸다.


나의 일기는 단순한 기록이 아니라 한 사람의 처절한 인생을 담고 변화시킨 살아있는 생명체다. 나를 잘 아는 사람들은 요즘 나를 만나면 "어쩌다가 책을 쓰게 되었냐"는 질문을 빼놓지 않는다. 그럴 때마다 나는 늘 '일기' 덕분이라고 대답한다.

오랜 세월 동안 일기를 써왔기 때문에 글을 쓰는 것이 생소하거나 버거운 일이 아니었다. 내 생각을 표현하는 것은 책이나 일기나 별반 다르지 않다고 생각했기에 쉽게 접근할 수 있지 않았나 싶다. 특별한 사람만이 책을 쓰는 것이라 생각했던 사람 중 하나였는데 말이다. 하루하루 먹고 사느라 바쁘고 매 순간 시간에 쫓기며 살림을 하던 아줌마에 불과한 내가 책을 쓰는 것은 사치라는 생각을 왜 해보지 않았겠는가?

　하지만 30년 동안 꾸준히 쓴 일기에는 바윗돌 깨트려 돌덩이, 돌덩이 깨트려 돌맹이가 된 나의 인생이 고스란히 녹아 있었고 그 일기의 내용들을 정리해 책으로 엮을 수 있었다.

　일기와 더불어 내가 가정혁명을 일으킬 수 있었던 또 하나의 히든카드는 바로 23년간 써온 가계부다.

　시장에서 산 무, 배추, 쪽파, 생강, 양파, 콩나물, 호박 등등 한보따리 장바구니를 들고 와 부엌에 내려놓고 가격을 잊어버리기 전에 후다닥 가계부를 적는다. 늦은 저녁이면 바닥에 가계부를 꺼내서 시장 보는 데 돈이 얼마나 들어갔는지 계산기를 옆에 놓고 조목조목 따져가며 기재했다. 워낙 적는 것을 좋아하는 습관이 있었기에 가능했던 것 같다. 지금까지도 별 스트레스 없이 가계부를 쓰고 있는 것을 보면 말이다.

　지금은 마트에서 장을 보니 장 본 리스트가 영수증 한 장에 모두 나오고, 카드로 계산하니까 휴대전화에 바로 전체 금액이 떠서 가계부 쓰기가 한결 수월해졌다. 이렇게 작성한 가계부는 두 가지 힘을 발휘했다.

　첫째, 재테크를 시작할 수 있는 씨앗이 되었다. 그 무렵 종잣돈을 모아 의도적으로 해약하면 손해인 보험을 선택하여 어떤 상황에서도 돈을 지켜 미래를 만들고 싶어서 교육보험을 들었다. 이것이 본격적으로 부동산 재테크를 할 수 있게 된 큰 밑천이 되었다.

둘째, 충동구매를 줄이고 불필요한 지출이 낭비되는 것을 철저히 예방할 수 있게 해주었다. 저축 외에 필요한 모든 생활비는 일기에 계획을 세우고 리스트를 작성해 예상액을 최소한으로 잡아서 지출하다 보니 적은 돈으로도 규모 있고 짜임새 있는 가정의 틀이 잡혔다. 가난을 극복하기 위한 꾸준한 정성과 노력이었다.


어느 날 옆집 아줌마의 하소연을 듣게 되었다. 낮에는 늘 피곤한 얼굴빛으로 아이들을 간신히 돌보며 짜증이 몸에 밴 모습에 안타까운 마음이 있었던 차였다.

부족한 생활비를 충당하기 위해서 밤에는 산후조리원 조무사로 일하고 아침에 집에 와서 남편을 출근시키고 아이들을 돌보며 짬짬이 눈을 붙이는 삶이었다. '

저렇게 열심히 사는데 대체 왜 돈이 부족하다고만 할까?'

오지랖 넓은 나는 "도대체 남편 월급이 얼마예요?"라는 물음으로 옆집의 가계 상담을 하게 되었다. 옆집 가정의 수입과 지출을 하나하나 확인하다 보니 두 가지 문제점을 발견했다.

첫째는 월세가 45만 원이라는 점이다. 둘째는 불필요한 지출이 많다는 점이었다. 한번은 화장품 회사에서 좋은 기회가 있어 아주 싸게 구입했다며 마사지 기기를 자랑했다. 얼마에 샀느냐고 물었더니 45만 원인데 세일해서 20만 원에 샀다고 한다. 형편이 넉넉하다면 자신을 가꾸는 것도 나쁘지는 않지만 나로선 상상도 할 수 없는 지출이라고 생각했다.

나는 옆집의 가계컨설팅에 들어갔다. 월세를 전세로 돌리고 불필요한 지출을 방지할 수 있는 저축을 먼저 최우선에 놓으라고 말이다. 그리고 나의 가계부 노트를 보여주며 동기부여를 확실하게 시켜주고 노하우를 가르쳐주었다. 그때의 컨설팅이 자극이 되었는지 한숨 소리는 점차 줄어들었고 지금은 그분도 가계를 규모 있게 잘 운영하고 있다.

가계부는 이처럼 가계경영의 초석을 다져 축 처진 가장의 어깨를 위로하고 힘을 줄 수 있는 강력한 무기가 된다. 나라에서도 책임질 수 없는 우리 가정을 스스로 지키는 유일한 방법이 바로 가계부다.

"사는 게 너무 어렵고 힘들어"라는 말을 자주 한다. 자세히 들여다보면 힘들게 돈 벌어서 자기가 쓸 거 다 쓰고 남들 하는 거 다 하면서 말이다.

비웃는 것이 아니다. 형편에 맞게 가계운영을 해야 한다는 원칙을 말하고 싶은 것이다. "여보, 힘내. 티끌 모아 태산이잖아. 내가 열심히 저축할게"라고 말하는 아내 CEO가 되길 바란다. 오늘보다 나은 내일을 만들기 위해서 말이다.

# 350만 원 단칸방과 15억 원 건물 사이

"이거 우리 집 맞지?"

볼을 꼬집어 보고 또 꼬집어 봤던 때가 엊그제 같다. 지금 살고 있는 지하 포함한 5층 상가건물이었다. 2007년도에 10억 원을 주고 샀는데 지금은 15억 원 이상이다. 지하 단칸방에서 결혼생활을 시작해 이뤄낸 결과물이다.

동업으로 시작한 남편의 기업은 날로 번창해 개인회사에서 법인회사로 이전했다. 옛날 어른들 말씀에 동업은 식구와도 하지 말라고 했다. 하지만 화장품 제조 기술을 알고 있는 남편은 단돈 500만 원이 없어 동업을 하겠다고 했다. 나는 속으로 반대했지만 그렇다고 뾰족한 대안도 가지고 있지 않아 잠자코 있을 수밖에 없었다.

수익을 2분의 1로 나누어야 하는 분배는 늘 불공평했다. 고심 끝에 남편은 사업을 분리할 것을 결심하고 서로에게 윈윈할 수 있는 좋은 방법을 찾았다. 하지만 가족이나 다름없다고 생각했던 그 동업자는 "초기 투자금이 없으니 나가겠다고 말한 사람은 몸만 나가라"라며 180도 돌변한 모습을 보였다. 청천벽력 같은 소리를 듣고 법적 싸움에 들어가기 위해 준비했다.

이 과정을 지켜보던 나는 "당신은 기술이 있으니 다시 시작하면 어때요?"라고 말했다. 하지만 남편은 "내가 이 회사를 어떻게 세웠는데! 내 생명하고 바꾼 곳인데!"라며 가슴을 쳤다.

남편의 분노를 보며 나는 돈보다도 남편이 더 걱정되었다. 결국 법적 싸움을 포기하고 땡전 한 푼 받지 못하고 맨몸으로 나왔다. 이때 배운 한 가지 진리가 있다. 돈이란 놈은 바람 불면 금세 날아가는 존재라는 것이다. 내 것이 아닌 것은 아무리 잡으려 해도 잡히지 않는다는 것을 깨달았다. 피눈물을 삼키며 마음을 비워내야만 했던 우리 부부에게 그 일은 커다란 시련이었다.

하늘이 무너져도 솟아날 구멍은 있다고 했다. 남편은 남동생이 하는 사무실 지하 한구석에 중고 책상 하나 달랑 놓고 다시 시작했다. 그리고 6개월 만에 그 건물 2층에 사무실을 얻게 되었다. 다행히 그 이후로 사업은 잘되기 시작했다. 나는 항상 정신없이 뛰는 남편을 위해 어떻게 도움이 되어야 하나 고민하다가 건물을 하나 사서 마음 편히 사업할 수 있도록 해야겠다고 생각했다.

마침 재테크로 불려놓은 빌라에서 전세금 8천만 원이 내 손에 들어왔다. 이때부터 건물을 찾기 시작했다. 지금 거주하는 건물을 마음에 두고 남편에게 건물을 사면 어떠냐고 제안했을 때 남편은 단호히 거절했다.

"한두 푼도 아니고 10억 원이나 되는 건물을 어떻게 사."

나는 구체적인 사업계획서를 세워서 가능하다는 증거를 제시했다. 남편은 그때도 아무런 반응이 없었다. 나는 무조건 달려들었고, 일을 저질렀다. 계약하고 나서 건물을 하루에도 몇 번이나 보고 또 보러 갔다. 평생 빚을 지기 싫어하는 남편에게는 큰 짐이었지만 걱정하지 말라고 안심시켰다.

내 사업적 기질은 여기서 나타났다. 남편은 열심히 돈을 벌었고, 나는 열심히 돈을 불려 나갔다. 지금으로부터 불과 8년 전의 일이다. 고생하는 남편에게 내가 해줄 수 있는 유일한 일이라 생각하고 용감무식하게 뛰어든 건물 매수였다. 목적의식이 분명하다면 어떠한 장애물도 절대 방해가 되지 않는다는 것을 증명한 사건이었다.

1991년 9월, 빛도 한줄기 들어오지 않는 동굴처럼 캄캄한 350만 원 전세 단칸방에서 동거로 시작한 결혼생활은 나름 행복했었다. 조건없는 사랑이었으니까. 처지가 같은 우리는 같은 꿈을 향해 힘을 합쳐보기로 했다. 며칠이 지나 남편이 나에게 청천벽력 같은 고백을 했다.

"밥도 굶어가며 돈 모으느라 건강이 나빠진 줄도 몰랐는데 나 폐결핵이래."

할아버지도 폐결핵으로 돌아가셨기에 나는 심장이 멈추는 줄 알았다. 이미 부부가 된 나는 선택의 여지가 없었다. 남편을 도와야 했다. 어떻게 도와야 하는지 방법을 찾아야 했다. 보건소에서 이미 약을 받아먹고 있었고 상태가 심해서 하루에 한 번씩 꼭 주사를 맞아야 했다. 간호하던 나 역시 결핵에 옮아 약을 먹어야 했다. 주사를 처음 놓을 때 얼마나 떨리고 무서웠던지 지금도 생각하면 움찔하다.

그런 나를 보며 "요즘 세상에 어떻게 이런 만남이 가능하지?"라고들 말한다. 돈도 없고, 능력도 없고, 시댁까지 가난하고, 건강까지 악화된 상태에서 어떻게 부부가 될 생각을 할 수 있었느냐고 말이다.

그렇다. 요즘 세상에 어떻게 가능하겠는가. 하지만 나에게 남편은 신념이 강한 사람이었다. 부모를 걱정하는 착한 아들이었고, 결핵에 걸리는 줄도 모르고 돈을 모으는 악착같은 의지력이 있었다. "나는 반드시 부자가 될 거야"라는 남편의 확고한 결심과 각오는 나에게 큰 신뢰를 주었다. 그 정신력에 나는 남편을 선택할 수 있었다. 어떤 상황에서도 헤쳐나갈 수 있는 강한 의지력을 본 것이다. 내 처지와 비슷했기 때문에 또 다른 나를 보는 것 같아 마음이 끌리기도 했다. 지금의 남편을 보면 그때 내 선택이 적중했다는 생각이 든다.

요즘 결혼하는 사람들은 조건을 많이 본다. 그리고 시간이 지나면서 그 조건 때문에 결혼생활이 행복하지 않다고 말한다.

부부의 호칭을 보면 '여보'의 여는 한자로 같을 여(如), 보는 보배 보(寶)를 쓴다. 즉 보배같이 귀한 사람이란 뜻이다. '당신'은 내 몸과 같다는 의미라고 한다. '마누라'는 마주 보고 누워라의 준말이고 '여편네'는 옆에 있다는 의미에서 왔다고 한다.

자기가 좋아서 선택한 사람이 어떻게 완벽할 수 있겠는가. 나도 완벽하지 않은데 말이다. 서로 약점이 있어도 보배같이 귀하게 여겨주고 내 몸과 같이 사랑하고 마주 보고 대화하면서 언제나 옆에 있는 인생의 동반자로 서로 필요한 것과 원하는 것을 찾아주며 한 걸음씩 노력하다 보면 아름다운 가정이 세워지지 않겠는가!

가정을 이루는 가장 중요한 요소는 부부다. 우리 부부는10억 원 건물 때문에 행복한 것이 아니다. 가정의 동업자인 나와 남편이 한마음으로 서로 돕고 서로의 필요를 채워주려고 노력하기 때문에 행복하다. 10억 원, 아니 100억 원 짜리 건물을 가지고 있어도 이런 마음이 없으면 행복할 수 없다. 서로를 알고 부족한 것을 채워줄 때 비로소 값진 행복을 얻을 수 있는 것이다.

# 내 멋대로
## 육아 프로젝트

옛날부터 농사 중에 가장 큰 농사는 자식 농사라고 했다. 그만큼 자식 농사는 가정의 제일 큰 투자 대상이다. 그래서 심혈을 기울이고 공을 많이 들여야 한다. 자녀가 잘 자라서 가정을 이어받아 또 다른 가정을 세우고, 건강한 나라를 조성하기 때문이다.

나는 25세에 아기 엄마가 되었다. 어린 나이였기에 주위에 아기를 낳아 키우고 있는 사람이 없어 어리둥절했고 겁이 났다. 나는 임신 사실을 알자마자 중고서점으로 달려갔다. 임신과 출산에서 시작해 육아와 자녀교육 등 가정 살림과 육아에 필요한 전 과정이 담긴 전집 하나가 눈에 띄었다. 원래 가격은 19만 8천 원인데 중고로 나와 9만 원이었다. 거금을 주고 사서 한 자도 빠짐없이 읽고 또 읽었다. 그렇게 책으로 출산을 준비하며 첫아이를 맞이했다.

모든 것이 낯설고 신기하기만 했다. 엄마가 된다는 것은 겪어보지 않는 사람은 모를 것이다. 아이의 일거수일투족을 매시간 기록하며 아이의 발달 과정을 책과 대조해보며 지켜보았다. 책에 밑줄을 그어가며 해가 지난 달력 뒷면에 책 내용을 요약해 눈에 잘 보이는 곳에 걸어놓고 반복 학습하며 그대로 아이들을 키우려고 노력했다.

생애에서 가장 소중한 시기는 대학 시절이 아니라 생후 6세까지라고 한다. 이 시기에 인생 최대의 지능이 형성되기 때문이다. 그 당시 어린이 교육 서적들이 주로 기저귀를 갈아주거나 우유를 먹이는 방법과 같은 평범한 내용인데 반해 내가 본 '존 버크'박사의 책은 어린아이에게 부모는 어떠한 관심을 가져야 하며 어떻게 대화해야 하는가에 대한 것을 섬세하게 이야기해주었다. 인체의 오감을 통해 두뇌에 자극을 주는 방법 등을 제시해주었다. 이 책은 나의 육아 교육에 지대한 영향을 끼쳐 창의력이 뛰어난 아이들로 키울 수 있었다.

아이들에게는 집 안에 있는 모든 것들이 장난감이었다. 아이들은 하루에도 몇 번이나 서랍을 열어 안에 있는 물건을 다 꺼내놓고 놀았다. 4단 서랍장에 올려놓은 이불은 서랍을 밟고 올라가 떨어뜨리고, 떨어진 이불 속에 들어가 키득거리며 동굴놀이를 하다가 베개를 붙여서 터널을 만들었다.

"이놈들!" 하며 혼내려 해도 아랑곳하지 않는다. 잠시 화장실에서 볼일 보고 나올라치면 싱크대 속 기름병을 꺼내 바닥에 쏟아 미끌미끌 미끄럼 놀이를 하거나 밀가루 봉지를 뒤집어써서 까만 눈동자만 껌벅거리는 하얀 유령이 되기도 했다.

시장에서 사 온 김칫거리를 다듬고 나온 배춧잎이나 무 이파리는 아이들에게 또 다른 장난감이었다. 돌멩이로 찧어보기도 하다가 막대기로 잘라보기도 하다가 얼굴에 문지르기도 하면서 한바탕 웃고 떠들면서 신나게 놀았다.

이 모든 일은 순식간에 일어났다. 나는 신나서 놀고 있는 아이들을 어이없이 지켜보아야 했다. 어차피 엎질러진 물은

담을 수가 없었다. 그럴 때마다 마음을 비우는 노력을 해야만
했다.

우리 식구는 칼국수를 자주 만들어 먹었다. 아이들의 또 다
른 놀이이기도 했기 때문이다. 손을 깨끗이 씻기고 큰 양푼에
밀가루를 넣고 물을 넣어 반죽을 한다. 반죽이 다 되면 칼국
수 기계에 반죽을 넣고 손잡이로 돌리면 통통하고 기다란 국
수가 나온다. 아이들은 이 광경에 눈을 떼지 못했다. 조금 커
서는 서로 하겠다고 난리였다.

이렇게 자란 아이들은 커갈수록 자기 색깔이 분명하고 자
기 주관이 뚜렷해졌다. 하지만 우리나라에서 이런 아이들이
치러야 할 대가는 상상도 못 할 만큼 혹독하고 냉정했다. 우
리 아이들은 가는 곳마다 산만하다는 소리를 들어야 했다. 과
장을 보태면 학교에 매일 같이 불려다니는 게 일상일 정도였
다. 매일 아이들이 학교에서 돌아올 시간이 되면 오늘은 제발
조용히 지나길 빌었다. 그러나 이 모든 과정이 절대 괴롭지는
않았다. 나의 교육이 옳다고 믿었기 때문이다. 지금 생각해보
면 내 육아법은 시대를 거스르고 있었다.


나는 성적에 연연하지 않고 아이들이 자기가 좋아하는 과
목을 신나고 즐겁게 하기를 원했다. 지금껏 단 한 번도 굳이

싫어하는 과목은 성적을 올리기 위해서 잔소리를 한 적이 없다. 아마도 학교 성적표에 관심 없던 유일한 부모가 아닐까 싶다.

나는 아이들을 키우며 또래 엄마들을 만나지 않았다. 성적을 자꾸 물어보는 것이 불편했기 때문이다. 지금 생각해보면 무슨 배짱으로 이렇게 교육을 했나 싶지만 이 역시 매일같이 들춰보던 자녀교육 관련 책의 영향임이 틀림없다.

현재 아이들은 모두 대학생이 되어 자기 분야를 확실히 찾아 열심히 공부하고 있다. 첫째 아들은 미국 UC데이비스에서 경영학을 공부하고 있다. 둘째 아들은 라스 포시타스 칼리지에서 화학공학을 전공하고 있는데 UC버클리 3학년 편입을 위해 열심히 공부하고 있다. 막내딸은 작년에 서울에 있는 대학 시각디자인과에 수시전형으로 합격해 자기가 하고 싶었던 공부를 하고 있다. 꿈조차 꿀 수 없었던 빈곤했던 환경 속에 일어난 기적이었다. 돌아보면 지금도 꿈만 같다.

틀에 박힌 성적 위주 교육시스템 속에 아직도 산업혁명 시대 교육체계에서 벗어나지 못한 수동적인 교육이 낳은 수동적인 아이들이 과연 행복할까? 각자 자기가 가진 재능을 마음껏 발휘하여 좋아하는 분야에서 행복하게 일하고 성취를 맛보게 하는 것이 진정한 교육의 힘이라고 생각한다.

나는 천편일률적인 교육이 너무 속상하고 아쉽다. 교육 전문가가 아니기에 우리 교육이 어디서부터 잘못되었는지는 잘 모르겠지만 가정에서부터 자녀교육 혁명이 새롭게 일어나야 하는 시대가 아닌가 싶다.

학교에서는 산만한 문제아로 보았지만 내 눈에는 지극히 정상적이었다. 자식을 두둔하는 말이 아니다. 아직 미성숙한 아이들이니 어른처럼 판단할 수는 없다. 아이 눈높이에서 봤을 때는 전혀 문제가 되지 않는 문제를 어른들의 기준으로 바라보기에 크게 확장시켜 문제로 보게 된다. 이런 과정 속에서 속이 많이 타들어 갔지만 어쩌랴, 자유롭게 자기표현을 하는 아이들에게 뭐라고 해야겠는가.

시간이 지난 지금은 아이들 편에서 교육하기를 잘했다는 생각이 든다. 최고의 자녀교육은 사랑을 바탕으로 한 교육이어야 한다. 어떤 행동을 하든, 성적이 좋든 나쁘든 무조건 사랑하는 마음을 가져야 한다. 아이들을 사랑할 수 있는 조건으로 공부 잘하는 아이, 착하고 말 잘 듣는 아이만을 뽑고 있기 때문에 아이를 사랑할 명분이 자꾸 사라지면서 밉고 화가 나는 것이다.

자식은 부모의 소유물이 아니고 대리만족하는 대상이 아니
라는 것을 기억하라.

# 1만 원으로
# 10억 원 만든 재테크 달인

콩나물시루처럼 비좁은 방 한 칸에서 복작거리며 살아야 하는 가난에서 빨리 벗어나기 위해서는 마음 놓고 힘들다고 말할 수도 없었다. 두루두루 챙겨야 할 시댁과 친정을 위해서는 마음 편히 속마음을 내뱉을 수도 없었다.

세 아이의 교육과 뒷바라지를 위해서는 마음 놓고 쉴 수도 없었다. 몸은 하나인데 직책은 3~4개를 달고 무거운 책임감을 느끼며 끊임없이 자신과의 치열한 싸움을 해야만 했다.

나는 이 모든 것을 해결하기 위해 모든 방법을 동원해 전략을 짰다. 세 아이가 발달하는 과정을 지켜보면서 말이다. 아이가 태어나서 2~3개월이면 목을 가누고, 4~5개월에는 물건을 붙잡거나 손가락 빨기를 하다가 5~6개월에는 뒤집기를 한다. 6~7개월이면 기대고 앉는다. 8~9개월이면 기어 다니기 시작해 혼자 앉고, 9~10개월에는 잡고 일어서며 10~11개월에는 잡고 걷는다. 11~12개월이면 혼자 서기도 하고, 혼자 걷기 시작한다. 18개월 정도 되면 뜀박질까지 한다. 가르치지 않았는데도 개월 수마다 행동발달이 바뀌는지 참 신기했다.

내가 아기의 발달과정을 짚은 것은 재테크 과정도 이와 똑같다는 것을 말하고 싶어서다. 처음부터 걸을 수 없는 것처럼 재테크에도 단계가 필요하다. 훗날 뛰게 될 것을 꿈꾸며 적은 금액이라도 꾸준히 저축하는 것이 중요하다. 돈 1만 원 쓰기는 쉬워도 1만 원씩 꾸준히 저축하는 것은 어렵다. '1만 원 아낀다고 얼마나 달라지겠는가?'라는 생각 때문이다.

하루에 커피 두 잔만 안 마시면 되는 돈이다. 내가 새댁 시절이었던 20여 년 전만 해도 1만 원은 지금의 10만 원 값어치가 있던 시대였다.

"골라, 골라. 단돈 천 원!"

나는 장을 보러 갈 때마다 고래고래 소리를 지르는 시끌벅적한 시장통에 이리저리 쭈뼛거리며 어디가 싼가. 양은 어디가 많은가 빠르게 비교해가며 재래시장을 누비고 다녔다. 철 지난 옷들을 파는 가게는 단골코스였다. 5만 원으로 아이들 옷을 3~4장 살 수 있다면 여기서는 8~10장 살 수 있었다.

나는 매번 그렇게 다음 해에 입힐 옷을 미리 장만해놓았다. 메이커 있는 옷은 너무 비싸서 쳐다보지도 않았다. 우리나라 면직물은 활동하기 편해 여러 벌 사놓으면 아이들 키울 때는 딱이다.

아등바등 아낀 1만 원은 다른 데 쓸까 봐 아이들 이름으로 된 저금 통장에 바로 넣었다. 생활비로 쓰기에도 빡빡한 쥐꼬리 월급으로 저축할 수 있는 유일한 방법은 편리한 월세방보다 불편한 단칸방 전세를 사수하는 것과 절약하는 것, 그리고 부업을 찾아서 일하는 것이었다.

첫술에 배부르랴. 저축하는 재미는 돈의 크기와 상관없다. 앞으로 꿈을 향해 목적을 두고 달려가는 자체가 신바람 나는 일이기 때문이다. 지금 생각해보면 참 힘든 시기였지만 돈의 크기보다 꿈의 크기가 더 컸기에 제일 행복했던 시기가 아닌가 싶다.

이사, 교육, 경조사의 목적으로 세 개의 통장을 만들었다. 수입이 일정치 않고 생활하기도 빠듯했기에 적금은 엄두도 내지 못했다. 하지만 저축을 가장 최우선에 두고 세 개의 통장에 부지런히 돈을 나누어 넣었다. 가급적 꼭 필요한 생필품 외에는 이웃과 함께 친하게 지내면서 필요한 것을 서로 나누어 쓰고 재활용센터를 자주 애용했다. 신용카드는 충동구매를 막기 위해 절대 만들지 않았다.

통장에 돈이 모이기 시작하면서 은행 적금보다는 해약하면 큰 손해인 보험회사의 교육보험에 가입했다. 교육과 적금의 의미를 두고 수입의 5분의 3을 이곳에 부었다. 이것이 미래에 대한 굳은 각오였다. 시골 시부모님께서 쌀과 부식 거리를 공급해주셨기 때문에 가능했던 일이었다.

보험을 안정적으로 1년을 불입할 때쯤 가계의 틀이 완전히 잡혔고, 남편의 월급이 오르면서 3년 적금을 들기 시작했다. 이것은 이사목적이었다. 개미가 작은 능력을 가지고도 탑을 쌓는 것처럼 부지런한 노력과 꾸준한 정성이 든든한 가계의 뼈대를 세웠다.


남들처럼 근사한 곳에서 외식 한 번 못하고 유명브랜드 옷도 입지 못했지만 열심히 돈을 모으면 언제든지 사고 싶은 것을 살 수 있다는 희망으로 견딜 수 있었다. 이것이 제태크의 묘미이자 즐거움이다. 셋째 딸이 태어난 후로 남편의 사업이 풀리기 시작해 2년마다 넓은 집으로 이사할 수 있었고 나의 가계부에도 가속도가 붙었다.

임계점을 넘기고 나니 재정이 자립적인 상태가 되었다. 이때부터 부동산 정보에 늘 관심을 갖고 있다가 부동산 재테크로 부를 증식시킬 수 있었다.

그저 살림만 하던 아줌마가 부동산 전문가도 아니고 시대의 흐름을 얼마나 잘 파악하고 있었겠는가. 그저 가난에서 빨리 벗어나고자 하는 하나의 목적이 있을 뿐이었다. 나는 커가는 아이들을 보면서 하고 싶은 공부를 마음껏 할 수 있도록 돕고 싶은 간절한 열망 뿐이었다. 그것이 나를 재테크에 몰입하게 했다.


재산을 얼마나 가지고 있어야 부자라 불릴 수 있을까? 부동산을 재외하고 현금자산 10억 원 이상을 가진 사람을 부자라 말하기도 하고, 유동자금 10억 원, 부동자금 20억 원을 부자의 기준으로 보기도 하며, 동산과 부동산을 합쳐 50억 원이 넘으면 부자라고 칭하기도 한다. 그런데 정작 부자들은 자기가 부자라고 생각하지 않는다고 한다. 돈은 많이 가지고 있다고 해서 만족할 수 있는 것이 아니기 때문이다.

2015년 현재, 우리나라 부자들의 현황을 조사한 결과를 보면 부자가 되기 위한 재산증식 방법으로 부동산 투자가 38.4%로 가장 좋고, 다음으로는 좋은 직장이나 직업이 25.3%, 저축이 14.9%, 증권이나 펀드가 11.5% 좋다고 답했다고 한다.

정확한 비율은 조금씩 변동이 있을 수 있지만 은행만 믿어서는 재산을 증식시킬 수 없다는 것이 요즘 사람들의 생각이다. 낮은 예금 금리, 부동산 시장 침체, 박스권에 갇힌 주식시장, 내수경기 부진 등이 지속되며 투자 성과가 과거와 비교할 수 없이 낮아졌다. 그래서 아내 CEO는 돈을 모을 줄 알아야 하고, 적은 돈도 모아서 재테크할 수 있는 능력을 갖춰야 한다.

자본주의 사회에서 돈이 많으면 편리하다는 것은 누구나 인정하는 바이다. 100세 시대를 사는 지금, 어떻게 부를 증식시킬 수 있을지 고민하며 방향을 찾아야 한다. 무엇보다 각자 형편에 맞게 계획을 세우고 적은 금액이라도 꾸준히 목적을 가지고 증식하는 것이 행복한 부자로 가는 첫걸음이라고 생각한다. 부자의 기준은 돈의 크기로 정해지기도 하지만 행복의 크기로 정할 수 있으니 말이다.

어느 가정은 자녀가 미래라고 말하며 과다한 비용을 교육비로 투자하는데, 나는 반대다. 아이가 스스로 찾아서 하는 공부 외에는 돈을 아껴놓았다가 진짜 공부를 해야 할 때 내주었으면 좋겠다. 남들 다 하니까, 우리 아이만 빠지면 안되니까 그저 따라하는 교육은 오히려 독이 된다. 경제적인 측면에서도 우리 아이만 뒤쳐질세라 조바심으로 교육에 투자하는 것은 바람직하지 않다.

아내 CEO들이여! 우리 집의 형편을 살펴서 맞춤형 가계컨설팅을 하자. 지금은 남들의 눈치가 보이고 초라해보일 지 몰라도 10년 후 다른 가정은 모두 당신과 당신의 가족을 부러워할 것이다.

### 아내CEO의한줄

젊어서는 청바지에 티셔츠만 입어도 예쁘지 않은가!
하지만 나이 들수록 돈이 없으면 초라해 보일 뿐 아니라
남의 눈치를 보면서 사는 삶으로 전락해버리고 만다.
오늘 절약이 내일의 부로 보답 받는다는 사실을 잊지 말자.

　　자녀들의 지혜, 판단력, 예지력을 발달시키기는 유일한 방법은 의사결정과 문제 해결을 그들에게 맡기는 것이다. 행여 실수를 저지르더라도 자신감과 자립심을 키우려면 필수다. 무엇을 하라고 지시하는 대신 "우리가 어떻게 도와줄까?"라고 말하며 물고기를 잡는 법을 가르치는 것이다. 그 누구도 스스로 결정하지 않으면 결코 독립할 수 없다. 아이들도 마찬가지다.

아이들에게 자신의 일을 직접 결정할 수 있는 기회를 주어야 한다. 하지만 요즘 부모들은 아이를 위한 최선의 방법이고, 잘못된 길을 가지 않게 하는 것이라는 명분 아래 부모의 결정과 판단을 따르기만 하라고 명령한다.

누구의 삶인가! 부모는 자녀의 보호자이며 조력자일 뿐이다. 자녀는 부모가 리모컨을 잡고 부모의 의사와 결정대로 조종하는 장난감이 아님을 기억해야 한다.

부모는 아이들이 자기에게 닥친 문제들을 스스로 결정하고 해결해나갈 수 있는 힘을 키우도록 한걸음 물러서서 지켜보아야 한다. 한 톨의 쌀을 얻기 위해 여름 내내 땀 흘리며 수고하는 농부가 결실의 계절을 기다리는 것처럼 말이다.

조급하고 빠른 시대 흐름 속에서 정신세계는 더 좁아지고 있다. "조금만 더 뛰어봐"라고 말하는 사람은 많아도 "조금만 천천히"라고 말하는 사람은 드물다.

혹시 내가 자녀에게 "조금만 더 뛰어봐"라고 강요하고 있지는 않았는지 돌아보자. 만일 그렇게 말하고 있었다면 숨을 크게 쉬고 여유를 가지고 자녀를 바라보자. 가슴이 따뜻해지는 것이 느껴지는가!

준비운동도 하지 않고 물속에 뛰어들다가 심장마비로 급사하는 경우가 생기지 않았으면 한다. 물고기를 잡기까지는 준비과정이 반드시 필요하다. 물고기를 잡는 준비과정이란 곧 '기다림'이다.

많은 사람들이 물고기 잡는 방법을 가르쳐야 한다고 이구동성으로 말하면서도 기다리는 법은 말하지 않는다. 물고기를 빨리 잡아야 한다는 욕심 때문이다.

2010년 12월 24일 큰아들이 미국 유학길에 올랐다. 눈물을 보이지 않으려고 꾹꾹 감정을 누르고 있었다. 하지만 아들이 눈물을 보이는 바람에 나도 같이 터지고 말았다. 자식을 독립시킨다고 그동안 많은 준비를 했지만 타지에 홀로 보내려니 이루 말할 수 없이 마음이 허전했다. 돌아오는 차 안에는 침묵이 흘렀다. 며칠 지난 뒤 둘째 아들이 나를 불렀다.

"엄마, 형이 준 편지에요."

편지에 적힌 글을 보고 나는 눈물이 왈칵 쏟아졌다.

"사랑하는 동생아, 니가 이제 우리 집 가장이야. 형 대신 부모님 말씀 잘 듣고 동생 잘 보살펴줘."

지금까지 생생하게 기억하는 구절이다. 가장에 대한 책임감을 갖고 있던 큰아들에게 한없이 든든함이 느껴졌다. 나는 지금도 큰아들을 볼 때마다 '잘 자랐구나' 하는 생각이 들면서 이루 말할 수 없는 고마움을 느낀다.

편지를 받은 둘째 역시 "엄마 내가 이제 형이 없는 동안에는 우리 집 가장이야" 하며 씨익 웃었다. 참으로 대견하다. 자식 키운 보람이 이런 거구나 새삼 느끼게 되었다.

나는 성미가 급해서 아이들의 서투른 행동을 보고 나도 모르게 잔소리를 한다. 그러다가도 언제까지 아이들의 인생을 대신해 줄 수는 없다는 생각에 금방 자세를 고친다. 아이들이 책임감 있는 어른으로 홀로서기 위해서는 좀 부족하더라도 기다릴 줄 아는 부모가 되어야 한다고, 오늘도 다짐한다.

# 가정의 운명을 바꾸는 아내 리더십

아내 CEO
가정을 경영하라

# 가정을 힐링의 공간으로 만들어라

"어차피 이렇게 살아도 한세상, 저렇게 살아도 한세상 신명 나게 살아보지 뭐!"

나는 한 줌의 재로 남을 인생, 어떻게 잘 살다 갈까를 늘 생각한다. 동전의 앞뒷면 같은 고통과 행복을 선택하는 것도 어차피 내가 감당해야 할 내 몫이니까 말이다. 이것이 또 다른 힐링의 원천이다.

"인생, 살아 보니 별 거 없더라" 어르신들이 젊은 사람들에게 건네는 조언이다. 너무 스트레스받지 말고 하루하루 최선을 다했으면 그걸로 됐다는 의미를 내포하고 있는 것 같다. 사람들의 감정이 생각한 대로 흘러준다면 얼마나 좋을까마는 살다 보면 별일을 다 만나고 별사람을 다 만난다. 이런 상황에서 우리의 마음은 하루에도 수십 번 롤러코스터를 타고 오르락내리락 반복한다. 한결같이 행복할 수 없다는 말이다.

특히 집안일을 전담하고, 아이들과 하루종일 씨름해야 하는 주부는 매일 반복되는 일상 가운데 힐링이 필요한 유일한 사람이다. 가정의 분위기에 제일 많은 영향을 받는 사람이기도 하다.

아이를 키우는 과정은 참으로 고되고 힘들다. 하지만 즐겨라. 뿌린 대로 나오고 심은 대로 자라서 풍성한 열매를 거둘 수 있기 때문이다. 이보다 가치 있고 보람된 일은 세상에 없다.

집안일과 육아를 담당하면서 가정의 중추적인 역할을 감당하려면 늘 편안하고 기분 좋은, 자연스러운 상태를 유지해야만 한다. 그러나 이것은 사람이 기계가 아닌 이상 쉬운 일이 아니다. 그러므로 자라는 아이들을 보면서 의식적으로, 때로는 의도적으로 기분 좋은 느낌을 유지하기 위해 노력해야 한다.

남과 비교를 시작하는 순간 기분 좋은 상태는 절대 유지할 수 없다. 그러니 절대 다른 가정과의 비교는 하지 말길 바란다. 남편과 자녀도 마찬가지다. 세상의 기준, 주위의 시선이 아닌 나의 남편, 나의 자식으로 바라보고 이해하면 결국 우리 가정만의 행복공식이 성립되는 것이다.

꿈을 가지려면 꿈이 있는 사람들을 만나 교제해야 한다. 꿈은 전염성이 강하다. 해피 바이러스도 마찬가지다. 행동이 없는 꿈은 아무 의미가 없다. 다른 가정과 비교하면서 우리 가정의 해피 바이러스를 죽일 것인가, 아니면 해피 바이러스를 더 키워서 다른 가정에까지 좋은 영향을 미칠 것인가? 이 또한 선택은 아내 CEO의 몫이다.

항상 우리의 선택이 잘못되지 않았나 점검하고 불탄개과(不憚改過, 과실이 있으면 즉시 고치는 데 조금도 주저하지 말라는 뜻)하라. 그리고 강류석부전(江流石不轉, 흐르는 물속에서도 돌은 움직이지 않는다는 말로 유행이나 대세에 좀처럼 휩쓸리지 않는다는 뜻)으로 어떠한 고비가 오더라도 흔들리지 않는, 우리 가정의 분수에 맞는 '우리 집 분수공식'을 만들어 지켜나가자.

첫아이를 낳을 때였다. 얼마나 고생했는지 둘째는 절대 낳지 않겠다고 다짐했다.

아침부터 시작한 가진통으로 병원에 10시쯤 도착해서 16시간 진통을 겪는 과정은 상상을 초월했다. 책에서 읽은 대로 들숨, 날숨을 조절하며 진통이 올 때는 힘을 주었다가 멈출 때는 숨을 내뱉으며 쉬기를 반복했다.

허리 통증 때문에 소리를 지르고 싶지만 힘이 흩어질까 봐 마음대로 소리도 지르지 못했다. 진통의 간격이 점점 짧아질수록 힘은 점점 떨어졌고, 메슥거림까지 와서 쓴 물까지 토해야 하는 고통은 이루 말할 수 없이 참기 어려웠다. 간호사도 지쳐있었다. 미치고 환장할 노릇이었다.

그때, 푹 하는 뜨거운 느낌과 함께 아이가 세상 밖으로 나왔다. 나는 기절하기 직전이었다. 그런데 이 와중에도 의사와 간호사는 탯줄이 나와야 한다며 배를 쥐어짰다. 나는 또 다른 고통으로 눈물을 줄줄 흘려야 했다. 아이 얼굴을 보여주는데 눈앞이 흐려 선명하게 보이지 않았다. 회복실로 옮겨져서 한참 후 눈을 떠보니 남편 얼굴이 보였다.

남편의 부축을 받으며 아이를 보러 가는 길, 설렘에 얼마나 복받쳐 울었는지 모른다. 내 뱃속에 담고 있던 생명을 처음 보는 순간, 세상에서 이보다 행복한 순간이 또 있을까?

그렇다. 한 생명을 갖고 출산하기까지의 어려움을 참고 인내하면서 죽음과 맞바꾼 출산은 이 세상에서 가장 위대하고 장엄한 일이다.

우리 아내 CEO들은 위대함 자체이고 장엄함의 표상이다.

힐링의 원천은 여기에서부터 만들어진 것이다. 앞으로 가정에 어떠한 풍파가 몰려온다 해도 꿋꿋이 이겨낼 수 있는 원천의 힘이 이미 만들어졌기에 이겨낼 수 있다.

근원의 에너지를 머금고 있는 아내 CEO들이여, 힘을 내어 일어나자!

# 구성원의 가치를
# 발견하라

어려운 고비를 넘어야 할 때마다 함께 울고 웃어주며 호흡을 같이 해줄 대상은 바로 가족 공동체이다. 인생은 홀로서기를 해야 하는 과정이지만 가족만은 예외다. 가족이 힘을 모으면 시너지를 내어 어려운 일도 해낼 수 있다. 목표를 이루고 나서는 아무런 이해관계 없이 순수하게 함께 기뻐할 수 있다. 이것이 가정 공동체의 매력이자 큰 장점이다.

자녀는 부모에게 배우고 부모는 자녀에게 배운다. 자녀는 부모의 영향을 받으면서 자라고 부모는 자녀들의 영향을 받으면서 성숙한다. 남편은 아내를 보면서 배우고 아내는 남편을 보면서 배운다. 남편은 아내를 닮아가고 아내는 남편을 닮아간다. 이 과정 속에서 아이들도 부모를 닮아간다. 그러니 아내와 남편은 아낌없이 수고하는 의무와 책임을 가지고 살아야 한다.

표면적으로 단지 돈을 벌기 위해서, 성공하기 위한 목표만 설정해놓고 산다면 정작 채워야 할 본분은 잊어버리고 만다. 참으로 안타깝다. 가정의 소중함이라는 본질을 잃어버린 표면적 성공이 과연 진짜 성공일까? 그것이 행복한 인생이라고 말할 수 있을까?


가족 구성원 각자가 자신의 영역을 구축하고 사회에서 바로서도록 돕는 것은 아내 CEO의 중요한 역할이다. 그러나 모든 것을 내가 다 하려고 욕심부리지는 말자. 아내는 만능이 아니다. 슈퍼우먼도 아니다. 단지 하나의 인간이 된다는 것에 대한 의미를 자녀들에게, 가족 구성원들에게 이해시켜주어야 할 의무만 있을 뿐이다.

남편들 역시 마찬가지다. 무거운 짐을 혼자 지고 끙끙거리며 속으로 눈물을 삼키며 스트레스를 차곡차곡 쌓아가는 남편들이 많다. 가족들과 짐을 나누고, 작은 행복과 삶의 의미를 찾기를 바란다.

2005년 8월, 강원도 철원에 있는 한탄강 캠핑장에 남편 회사 직원들과 1박 2일 코스로 다녀온 적이 있다. 큰아들이 중학교 1학년, 둘째 아들이 초등학교 4학년, 막내딸이 초등학교 3학년일 때였다. 한참 호기심이 많고 활동량이 많아 세 아이를 돌보다 보면 온몸의 진이 다 빠질 정도였다.

한탄강에서 완전무장을 하고 흐르는 물줄기를 따라 래프팅하는 짜릿한 기분은 아직도 잊을 수가 없다. 아이들은 오죽했으랴. 온몸에 물벼락을 맞고 마냥 신나 고래고래 소리를 지르던 아이들 모습이 생생히 기억난다.

레프팅을 마치고 회사 직원들이 번지점프를 해보겠다고 우르르 몰려간 곳에 큰아들과 막내딸이 있었다. 어른들조차 보는 것만으로도 오금이 저릴 정도로 아찔한 곳에 겁도 없이 말이다.

먼저 큰아들이 새처럼 양팔을 벌리고 나르는 듯한 동작을 취하며 뛰어내렸다. 무서워하는 기미는 전혀 없었다. 오히려 환호성을 지르며 즐거워했다. 보는 사람들 모두 대단하다며 혀를 내둘렀다. 이 모습을 보던 남편도 대견한 듯 뿌듯해 했다.

그다음 차례는 삐삐 머리를 한 딸이었다. 당당하게 뛰어내 릴 준비를 하는 모습에 밑에서 쳐다보던 내가 더 조마조마하 고 떨렸다. 어디서 그런 용기가 났는지 대견하면서도 이해가 가지 않았다.

이 광경을 지켜보던 둘째아들이 갑자기 울음을 터뜨렸다. 뜻밖의 울음이라 당황했다. 둘째는 "엄마는 왜 나를 이렇게 낳아준 거야?" 하며 반항 어린 말투로 울음과 함께 불만을 쏟 아냈다. 세 아이 중 제일 모범생이었고, 자기 할 일도 스스로 찾아서 잘하는, 내게는 늘 고마운 아이의 반응이었기에 너무 놀랐다.

"형이랑 동생은 번지점프를 하는데 나는 못하잖아!"

둘째 아이도 번지점프가 하고 싶은데 용기가 없었던 것이 다. 나는 아이의 심정이 이해할 수 있었다. 그때 마침 카트레 이싱 플랜카드가 눈에 띄었다. 이때다 싶어 "어른인 아빠도 번지점프 무서워서 못하잖아. 할 수 있는 사람도 있고 못하는 사람도 있는 거야. 너도 잘할 수 있는 것을 찾아보자"라며 카 트레이싱을 가리켰다. 그러자 아이 얼굴에 화색이 돌고 다시 신나게 여행을 즐길 수 있었다.

나는 서툴게나마 이렇게 아이들의 기질을 파악해 개성과

자질을 존중해나가면서 하나의 독립된 인격으로 세워나갔다. 독수리도 파리를 잡지 못하는 것처럼 각자 능력에 맞는 일이 따로 있다는 것을 확실히 인식하고 인정하면 삶의 에너지는 더 건강하고 힘차게 자기 모습을 드러낸다.

가정에서 남편과 아내는 어른이라는 가부장적인 권위를 내려놓아야 한다. 그리고 자녀를 자기 소유물처럼 좌지우지하는 권세도 내려놓아야 한다. 권위주의적인 생각이 사회에서 어떤 결과를 낳았는지 생각해보자.

권위주의는 결국 이기적이고 다른 사람을 낮게 여기며 무시하는 모습을 만들어냈다. 내면을 보지 못하고 겉모습만으로 판단하게 됐기 때문이다. 정말 중요한 것은 인간 자체의 존엄성을 깨닫고 서로 존중할 수 있는 마음과 자세다.

"그 부모에 그 자식이겠지"라는 권위적인 말이 사람을 병들게 할 수 있다는 것을 알아야 한다. 부모는 부모고 자식은 자식이다. 시어머니는 시어머니고 며느리는 며느리다. 주종관계와 소유물이라는 물건적 개념에서 벗어나야 한다.

사람은 천하만물의 영장이다. 개인의 인격을 존중해야 한다. 자신의 생각과 주장, 경험을 주입하려 해서는 안 된다. 옆에서 격려해주고 방향만 조언해주면 그뿐이다.

가족 구성원의 가치를 발견하고 싶다면 각자가 가진 개성을 존중하고, 조건 없는 사랑으로 그 개성이 발현될 수 있도록 돕자. 강요하거나 억지로 이끌 필요 없다. 사람은 누구나 본능적으로 자신의 재능을 발견하고 그것을 발전시켜 살아갈 수 있는 능력을 갖추고 있다. 이 과정에서 아내 CEO는 '조력자' 역할을 하면 된다.

우리 모두 주인공의 삶을 타고난 인생이다. 엑스트라는 없다. 어려운 현실 앞에 놓여 있다면 절대 포기하지 말길 바란다. 좌절하고 있는 아내 CEO가 있다면 힘을 내길 바란다. 그리고 가정에 혁명을 일으켜보자. 할 수 있다. 인생에 정답은 없다. 정답을 찾아가는 과정이 인생일 뿐이다.

# 부지런과 겸손이
# 힘이다

행복은 좋은 형편과 환경에서만 오지 않는다. 현재의 삶을 인정하고 잘 만들어나가면 미래는 저절로 따라온다. 나는 "내일 지구가 멸망하더라도 나는 오늘 한 그루의 사과나무를 심겠다"는 철학자 스피노자의 말을 참 좋아한다.

나는 매일 하루하루를 감사히 맞이하고 오늘 하루를 성실하게 살려고 노력한다. 잠들기 전 내일 아침에 해야 할 일들을 스케줄리스트에 적어놓고 하루 일정표를 작성한다. 아무 생각 없이 하루를 맞이하고 보내는 것과는 하늘과 땅 차이다.

겸손한 마음으로 현재 즐겁게 몰입하고 있는 일에 대해 이야기꽃을 피워보자. 스토리를 만들어보자.

별볼일 없어보여도 내 인생의 히스토리를 만든다고 생각해보자. 오늘 하루가 신이 날 것이다. 때때로 몸에 버거운 육아나 어려운 형편 때문에 좌절하고 낙망하게 될 지라도 미래에 대한 쓸데없는 걱정은 멈추자.

"오늘 하루만 웃자"라며 오늘을 보내고, 내일이 되면 다시 또 "오늘 하루만 웃자"라며 하루를 보내자. 그 다음 날이 되면 "오늘 하루만 웃자"고 또 웃으며 보낸다. 그렇게 채워진 인생의 시간은 즐거움으로 가득할 것이고, 곧 내 인생이 즐거움으로 가득차게 될 것이다.

잠들기 전 아무리 사소한 것일지라도 리스트에 적어 다음 날의 일과표를 작성해 체크하자. 내 가정의 주머니 사정을 정확히 파악하고 겸손한 마음으로 일별, 주별, 월별 지출계획을 명확히 짜야 한다.

저축은 제일 우선순위에 두고 충동구매와 불필요한 지출을 막는 법을 연구하고 절약할 수 있는 방법을 찾아야 한다. 절대 저절로 이루어지는 것은 없다. 거지도 부지런하면 더운밥을 얻어 먹는다는 속담이 있듯이 내 가정 사정을 바로 점검하고 세우려면 반드시 부지런해야 한다.

캄캄한 지하 단칸방 시절, 통풍도 안 되고 낮에는 불을 켜야만 생활할 수 있는 공간에서 남편의 건강을 위해 얼른 벗어나고자 찾아 나선 곳은 바로 부동산이었다.

"보증금 700만 원에 맞는 방이 있나요?"

노트를 뒤적뒤적하더니 "보증금 500만 원에 월세 15만 원에 나온 방이 있는데 괜찮아요?"라고 한다.

1층에 방 두 칸짜리였다. 거실 겸 부엌이 있고, 화장실이 있는 아담한 집이었다. 깨끗하게 도배, 장판을 새롭게 해서 정리가 잘 되어 있었다. 마음에 들었으나 월세는 부담스럽고 그 돈이면 저축을 할 수 있다는 생각에 "저녁에 남편이 오면 다시 보러올게요"라고 둘러대고는 다른 부동산으로 향했다.

"700만 원짜리 전세 있나요?"

"있긴 한데 옥탑이라서…."

2층 단독 주택 위에 있는 옥상에 넓게 쓸 수 있는 공간과 방이 있었다. 지하에서 살던 생각에 밝은 옥탑이 너무 좋아 계약을 하고 1992년 3월에 이사했다. 월세보다는 불편하고 작은 방 한 칸 전세였지만 월세로 나갈 뻔했던 돈은 꼬박꼬박 통장에 모였다. 더 넓은 집으로 이사하기 위해서였다. 나중에 큰집으로 이사하면 가구도 그 집에 맞게 새것으로 장만하고 싶은 욕심에 중고센터를 돌아다니며 현실에 맞는 실용적인 작은 가구와 필요한 집기를 저렴한 가격에 사와 집에 채웠다.

"저거 우리 집에 필요한 건데!"

길거리를 지나가다가 분리수거함 밖에 누군가 내놓은 작은 식탁을 발견해 집으로 들고왔다. 깨끗하게 걸레질을 하고 니스를 칠하고 나면 새것과 다름없는 모양새에 만족감과 돈을 아꼈다는 자부심이 동시에 들었다.

여름에는 뜨거운 열기에 내부는 찜질방이 되고 겨울이면 바늘구멍에도 황새 바람이 들어오는 불편한 집이었지만 밤하늘에 초롱초롱한 별들을 보며 우리의 꿈도 아름답게 반짝거리고 있었다. 1992년 12월에 이곳에서 첫아이가 태어났다. 비슷한 처지의 상대에게 연민을 느끼며 시작한 결혼생활이 맺은 사랑의 열매였다. 환경은 볼품없고 초라하기 짝이 없었지만, 아이가 태어나면 필요한 것들을 장만하기 위해 남편은 더욱 열심히 일을 했고, 나는 알뜰하게 살림을 하며 부지런히 집에서 부업을 했다. 그 어느 부자도 부럽지 않았다.

거지 근성을 버려라. 친정 부모님께 기대거나 시댁에 기대지 말자. "비빌 언덕이 곧 자빠질 언덕이 된다"라는 말이 있다. 자신을 세우고 가정을 바로 세우기 위해 새겨두어야 할 말이다.

남에게 받기만 하는 사람을 본 적이 있다. 많은 시간이 흘렀는데도 그 자리에 그대로 있다. 반면 사탕 하나를 얻어먹어도 반드시 갚는 사람이 있다. 이런 사람은 삶의 방식이 명쾌해 사람들에게 신뢰를 받는다. 밥 한 번 얻어먹으면 밥 한 번을 꼭 사라. 그래야 인생에서 빚을 지지 않는다.


요즘 젊은이들은 자기 것은 자기가 계산한다. 좋은 습관이라고 생각한다. 호주머니 사정도 모른 체 사람에게 잘 보이기 위해서 또는 얻어야 할 이익을 위해서 선심 쓰듯 "내가 쏠게"라고 하는 것은 빛 좋은 개살구다. 인생에 전혀 도움이 되지 않는다.

작은 것에 만족할 줄 아는 사람이 큰 것에도 겸손할 줄 안다. 작은 일에 충성할 줄 아는 사람이 큰일을 맡을 수 있다. 오늘의 어려움을 내일의 희망으로 만들어낼 줄 아는 사람은 반드시 오뚝이처럼 일어난다. 선택은 내가 했고, 내가 얻은 결과다. 아내 CEO의 정신이 건강해야 가정의 정신건강도 챙길 수 있다.

"왜 나에게 이런 일이 일어난 거야?", "우리 집만 왜 이래"라며 푸념하지 말고 내가 가지고 있는 것, 우리 집이 가지고 있는 것을 찾아보자. '예전에는 나무에 불을 피워 밥을 해야 했는데 이제는 전기밥솥이 알아서 밥을 해주네', '손 시리게 손빨래하지 않아도 세탁기가 알아서 빨아주네', '빗자루로 구석구석 먼지를 날리며 청소해야 했는데 청소기가 먼지 하나 없이 깨끗하게 청소해주네'라며 어린 시절을 떠올려보면 기쁘고 즐겁게 집안일을 할 수 있다.

행복은 어딘가에서 틀림없이 우리를 기다리고 있다. 웃음도 우리를 기다리고 있다. 그러니 포기하지 말고 오늘 하루 어떻게 살았는지 매일매일 인생 거울에 비추어보자. 벌거벗은 자신과 마주서보자. 이 모습이 고스란히 녹아 지금의 나를, 우리 가정을 만들었다.

# 비전을 현실로 만든다

나는 지금도 남편에게 존댓말을 쓴다. 친구 오빠로 만났기 때문만은 아니다. 결혼한 후 중간에 말을 낮춘 적이 있었지만 남편을 높여야 내가 높아지는 것을 깨달은 후부터 다시 존댓말을 쓰기 시작했다. 어느 방송에서 아내가 왕비가 되려면 남편을 왕으로 대우해야 한다는 말에 동감한 것이다.

처음에는 낯간지러웠지만 존칭을 쓰기로 하고 남편에게 존칭을 쓰는 이유를 말하고 시작했다.

하루는 남편이 월급날 유난히 피곤한 얼굴로 들어왔다. 금세 누워 쉬고 싶은 모습이 역력히 보였다.

"내 피와 바꾼 월급이야."

지금까지 한 번도 듣지 못했던 말에 작지 않은 충격을 받았다. 순간 얼마나 힘들면 이런 표현을 쓸까 싶어 가슴이 아팠다. 아직도 잊혀지지 않는 말이다.

밤새 '왜 이런 표현을 썼을까?' 생각했다. 애초에 돈이 많은 가정에서 태어난 것도 아니고 이미 돈을 많이 벌어둔 사람도 아니었다. 먹여 살려야 하는 고만고만한 세 아이와 가족이 남편의 어깨를 무겁게 했던 것이다. 회사에서 좋지 않은 일이 생길 때마다 어깨가 축 처졌을 모습이 상상이 되었다. 힘이 딸려서 주저앉고 싶어도 주저앉을 수 없는, 쓰러질 것 같아도 쓰러질 수 없는 가장이란 책임감이 남편을 짓누르고 있었던 것이다.

지금 시대는 어떠한가. 더 치열하지 않은가. 나는 남편의 축 처진 어깨의 무게가 느껴지면서 눈물이 주르륵 흘러내렸다.

'우리 집이 부자였다면, 내가 능력이 있었다면 이 무게를 줄여 줄 수 있었을 텐데…'

그렇다면 앞으로 내가 뭘 해야 하는 걸까. 우선 되도록 집에 와서는 쉴 수 있는 분위기를 만들어놓자고 다짐했다.

남편은 워낙 깔끔하고 정리정돈이 잘 되어 있는 것을 좋아했다. 하지만 집 안 상황은 그렇지 못할 때가 많았다. 아이들 키우는 집은 아마 이해가 될 것이다.

그날 이후 남편이 퇴근할 때쯤이면 아이들과 함께 청소하고 맛있는 밥상으로 위로해주자고 마음먹었다. 내가 할 수 있는 일은 아이들을 밝고 씩씩하게 키우는 것이라 생각했다. 자녀 돌보는 문제에 남편이 신경 쓰지 않도록 언제나 촉을 세우고 에너지를 쏟았다.


얼마 후 옆집 아주머니가 "애기 엄마, 부업 한번 해볼래? 겨울코트 바느질하는 건데 한 장당 5천 원이야. 가격도 좋아"라며 부업 제안을 했다.

나는 신이 나서 바로 하겠다며 달려들었다. 고등학교 때부터 손바느질에는 자신이 있었다. 내 기술을 써먹을 수 있는 좋은 기회가 온 것이다.

테스트를 했고 무난히 합격했다. 머릿속에서는 하루에 몇 장을 할 수 있을까 벌써 계산을 하고 있었다. 아이들을 돌봐야 하니 아이들이 일어나기 전 아침 일찍과 아이들이 잠든 저녁 시간에 방해받지 않고 일을 할 수 있었다.

한 장 하는 데 걸리는 시간이 2시간 정도, 손에 익숙해지면 1시간 30분 정도 될 것이고, 그렇다면 하루에 세 장은 해내야겠다는 각오를 했다. 하루에 1만 5천 원이다. 너무 좋은 부업이라 놓치고 싶지 않은 마음에 정성들여 바느질했다. 하다 보니 더 빠르게 할 수 있는 방법도 터득할 수 있었다.

요즘은 맞벌이 부부들이 너무 많다. 집안일과 육아에 더해 회사에서는 상사 눈치를 보며 일해야 하는 아내 CEO들은 마치 이종격투기를 하는 것처럼 살고 있다.

아이를 키울 때는 집에서 아이와 함께 육아에 전념하는 것도 큰 보람이고 성장기회가 된다. 집에서 전업주부를 할 수밖에 없는 이들에게 가정에서 할 수 있는 부업거리를 만들어주는 시스템이 생겼으면 참 좋겠다. 창의적인 도안이나 아이디어 구상, 컴퓨터로 하는 작업 등 말이다.

아이를 키우면서도 나만의 개성과 능력을 가지고 일을 찾는다면 방법은 있다. 마음에 맞는 몇 명과 일거리를 만들면 된다. 부업도 돈이 된다. 나만의 일을 사업으로 성장시킬 수도 있다.

월급의 가치를 알고 남편을 세워라! 비전이 현실이 될 것이다.

# 내 영역을
# 가족의 놀이터로 만든다

아내 CEO들은 경제, 교육, 건강, 회계, 환경미화, 세탁 등 공부해야 할 부분이 참으로 많다. 그중에서 건강에 관한 정보는 특히 중요하다. 친환경 요리레시피를 만들어 우리 가정에 맞는 식단을 짜는 것은 더더욱 중요하다.

5대 영양소를 기준으로 골고루 식단을 짜는 일은 그리 쉽지 않다. 예전에는 야채에 들어있는 영양소가 풍부한 데 비해 요즘은 시골의 토지가 화학비료와 농약으로 땅이 죽었다고 한다. 농약 없이는 농작물을 키울 수 없다고 한다. 예를 들어 감나무에 농약을 뿌린다고 상상이나 해봤을까. 요즘에는 감나무에 약을 치지 않으면 감을 수확할 수 없다고 한다. 공기 오염으로 산성비는 농작물에 병을 초래한다고 한다. 특히 고추는 탄저병으로 해마다 농부의 얼굴에 그늘을 만든다고 한다. 바쁜 일상 가운데 인스턴트 식품은 손쉽고 빨라서 각양각색으로 틈새를 놓치지 않고 앞다투어 나오고 있다. 이런 먹거리에서 우리 몸을 지킬 수 있을까? 지킬 수 있다면 어떻게 지켜야 할까? 고민하지 않을 수 없다.

1950년대 6.25 이후 배고픔에 굶주리던 세대가 지금 65세 이후다. 그렇다 보니 요즘 아이들이 음식을 남기는 걸 보면 "음식 남기면 벌 받아"라고 잔소리를 하게 된다. 〈국제시장〉 영화를 보면 더 잘 알 수 있다. 먹거리가 없어서 영양실조에 걸리고 폐병에 노출되었던 시대가 불과 50년 전의 일이다. 지금은 영양 과다로 비만이 문제가 되는 시대다.

이런 현실 가운데 가정의 건강을 지키기 위해 건강한 식탁을 만들고 지켜야 하는 사명이 우리 아내들에게 있다. 요즘 맞벌이 부부들이 많아서 반찬가게가 활성화되고 있는데 대부분의 가게 음식들은 조미료투성이다. 공기 오염으로 인한 환경도 우리를 위협하고 있는데 화학조미료에 길들여져 있는 우리 건강을 누가 지켜주겠는가. 365일 거의 밖에서 점심, 저녁을 해결하는 직장인들은 패스트푸드나 식당 음식, 술과 함께 먹는 안주 등 조미료가 듬뿍 들어간 먹을거리를 매일 먹으며 건강이 얼마나 상하고 있는지 모른 채 살고 있다.

나는 우리 가족의 건강을 지키기 위해 천연식품을 주로 사용하기로 결심했다. 될 수 있는 대로 가공처리가 되지 않은 신선한 재료를 찾아 요리하기로 했다. 시골에 계신 어머니가 열심히 산나물과 밭에서 나오는 채소들을 보내주시는 덕에 지금까지는 행복한 식탁을 만들고 있다.

우리 가정의 식탁을 지키기 위한 첫 번째 무기는 천연 조미료다. 시골에서 올라온 재료를 활용하여 말리고, 조리고, 빻아 MSG가 없는 조미료를 만든다.

조리방법도 신경 쓴다. 튀기고 지지는 등 기름이 들어간 요리는 될 수 있는 대로 피하고, 삶고, 굽고, 찌고, 조리는 요리를 선호한다. 육류는 거의 기름을 제거하고 사태나 양지 부분으로 사서 얇게 썬 후에 파인애플즙을 내어 육질을 연하게 한 후 양념해서 재워둔다.

일거양득 요리레시피는 내 전문이다. 이는 모두 주부 경력에서 나온 것이다. 맛도 있고 냉장고 정리도 되고, 한 그릇 요리에 영양성분까지 고려한 슈퍼푸드 레시피를 만들었다.

어느 날 냉장고에 쓰다 남은 야채들과 반탄통들이 눈에 거슬렸다. 이것들을 다 꺼내 요리를 시작하면 식탁 위에 수북이 쌓였던 시들시들한 야채들, 먹다 남은 반찬, 아까워서 버리지 못하는 음식들이 모듬야채겉절이, 짬뽕국수, 갱시기 등 그럴싸한 메뉴로 재탄생한다.

"요리는 창작이거든!"

신바람 나게 채소를 다듬고 물에 식초 한 방울을 넣고 담가둔다. 그리고 재료를 보고 요리를 결정하고 먼저 맛을 그려본다. '어떤 맛으로 요리하면 좋을까?' 그런 후에 요리과정에 바로 들어간다. 바로 이 요리가 일거양득 요리레시피다. 매우 간단하면서 초스피드 요리가 탄생한다. 냉장고를 정리해서 후련하고, 버리지 않아서 알뜰한 가계가 되고, 나만의 창의적 요리도 탄생하는 것이다. 뿌듯한 순간이다.


주방은 재미있는 내 놀이터다. 배추김치, 열무김치, 무청김치, 파김치 등의 모든 김치류도 집에서 다 담근다. 재료가 싸서 양이 많을 때는 이웃과 나누어 먹을 수도 있는 매력적인 메뉴다.

　복잡하고 손이 많이 가는 요리는 피한다. 시간도 많이 들고 노동이 될 수 있다. 우리 집 냉장고는 대용량이다. 재료들을 미리미리 공수해놓기 때문이다. 생선류도 골고루 사서 손질해 일회용 팩에 한 번 먹을 양으로 차곡차곡 냉동실에 얼려둔다. 시시때때로 시장에 가지 않아도 되고 손님이 왔을 때도 걱정 없다. 커다란 멋진 접시에 생선조림 하나면 근사한 식탁이 차려지기 때문이다. 주부들이 이런 즐거움을 느끼고 주방에 있는 것을 즐겼으면 좋겠다.

　어떤 주부는 요리를 개발해 집에서 요리 강의를 하기도 한다. 그녀는 전문 요리사가 아니지만 내 눈에는 그 어떤 셰프보다 멋져보였다. 월수입도 웬만한 워킹맘보다 낫다고 한다.

　이렇게 가정도 얼마든지 소득 창출을 할 수 있는 공간이 될 수 있다. 어떤 주부는 뜨개질 방을 만들어 소득을 창출하기도 한다. 가정이 각자 가진 재능을 교환하여 서로 윈윈할 수 있는 즐거운 네트워킹의 장소가 되는 것이다.

　특히 어린 아이가 있는 집은 주방을 오감을 자극할 수 있는 창의 놀이터로 만들 수 있다. 아이들과 집에서 함께할 수 있는 요리가 많다. 빵 굽기, 쿠키 만들기 등 밀가루 놀이는 아이들이 참 좋아한다.

가족이 모두 쉬는 날엔 맛있는 김밥을 만들어 가까운 곳으로 소풍가는 것은 어떨까? 가족들이 한 자리에 모여 김밥을 만드는 과정에서부터 행복이 피어나지 않겠는가.

가족끼리 한 자리에 모여 밥 한끼 먹기 힘든 세상이다. 나는 그럴수록 화목한 밥상이 살아났으면 좋겠다. 예쁜 그릇에 맛있는 요리를 담아 도란도란 앉아 이야기꽃을 피우며 웃는 소리가 현관을 넘어 옆집까지 울렸으면 좋겠다. 아내가 밥을 해야 한다는 의무와 부담에서 벗어나면 신나고 즐거운 주방 분위기를 만들 수 있다. 더불어 가족이 주방에 있는 시간도 더욱 행복해질 것이다.

# 가정 회계는 투명하게

어느 기업이든 회계의 흐름을 보면 규모와 짜임새를 어느 정도 파악할 수 있다. 또 얼마나 부실한지도 볼 수 있다. 가정도 마찬가지다. 가정에서 가계부가 차지하는 의미와 목적을 찾으면 어떻게 바꾸고, 개선하고, 탈바꿈시킬 수 있는지 알 수 있다.

가족 구성원이 인격적으로 완성되고 사회적 책임을 가지며 올바르게 성장하기 위해서는 경제력이 바탕되어야 한다. 돈

은 성장을 위한 교육, 투자, 사회생활 등을 위한 필수 조건이
다. 그러므로 가족의 성장을 위해 아내 CEO는 가정의 회계
를 치밀하게 관리해야 한다. 전략을 세우고 구체적인 실천 목
록을 만들어 가계부를 꾸준히 작성해야 한다.

가계부를 쓰지 않았던 주부라면 어디서부터 회계 관리를
시작해야 하나 고민될 것이다. 하지만 생각보다 쉽다. 우리 가
정의 현재 저축과 빚, 지출 등을 파악하여 상세히 적고, 미래
목표를 설정하여 함께 적은 뒤, 목표를 이루기 위해 할 일과
해서는 안될 일 기준을 세워 소비를 하면 된다.


매년 12월 마지막 주에 우리 가정은 꼭 하는 일이 있다.

"오늘은 올해를 결산하고 내년 예산을 보고하는 날이에요."

내가 가계부를 들고 나오면 남편은 으레 듣는 둥, 마는 둥
얼굴에 미소만 짓다. 처음부터 그런 것은 아니다. 아직도 기억
에 남는 것은 "내가 나중에 돈 많이 벌어다 줄 테니까 너무 힘
들게 살지 말고 쓰고 싶은 거 쓰고 살아"라는 말이다. 그러면
서도 알뜰하게 정리한 가계부를 보여주면 뿌듯하다는 듯이
"고맙네. 나도 더 열심히 돈 벌어올게" 하고 좋아한다.

남편은 퇴근하고 돌아와 지갑에 남아 있는 돈을 모두 나에
게 주곤 했다. 이것은 신혼 때부터 지금까지 여전하다. 전적으

로 모든 돈을 나에게 맡기고 전혀 관여하지 않는다. 제테크를
어떻게 하는지 체크도 하지 않는다. 오직 "믿는다"라는 표현
뿐이다.

이런 남편이 너무 든든하다. 이런 남편을 실망시키고 싶지
않아 일부러 제테크하는 과정을 다 알린다. 다른 가정을 보면
남편이 경제권을 쥐고 아내에게 필요할 때마다 건네주는 것
을 보았다. 아니면 따로따로 주머니를 챙기는 집도 보았다. 가
정마다 가계의 의미와 목적의식이 다른 것이 역력히 보인다.

각자에게 힘이 주어지는 것도 나쁠 것은 없겠지만, 같은 미
래를 그리며 가정의 가치를 한곳에 두고 목적을 달성하는 것이
옳다고 생각한다. 서로를 신뢰하며 미래를 설계하는 것은 참으
로 재미있다. 우리 부부는 처음부터 그랬다. 23년 차가 되는 지
금도 여전하다. 처음에는 보잘것없는 금액으로 가계를 운영했
지만 지금은 1천 배 이상의 금액으로 가계를 운영하고 있다. 금
액이 적다고 절대 무시하지 마라 결코 그렇지 않다.


나는 크기가 다른 두 권의 가계부를 나만의 스타일대로 만
들어 쓰고 있다. 노트 한 권에는 월별 지출 목록이 일목요연
하게 6개의 대목차와 소목차로 나누어 적혀있다. 교육비, 공
과금, 은행 거래내역 (보험, 적금의 횟수까지 기재한다), 임대소득 내

역, 주요 내용 등 우리 가정의 굵은 뼈대가 이 한 권에 다 담겨 있다. 또 한 권의 작은 노트에는 월별 날짜, 목록, 금액, 합계, 비고의 순서에 맞게 하루하루 지출 내역을 세세하게 기록한다. 일별, 주별, 월별 지출금액이 나온다.

이 가계부는 지금의 가정을 세운 일등 공신이다. 이렇게 정리해놓으면 가정의 가계의 규모와 짜임새가 보인다. 공과금이 많이 나올 때도 금방 체크해 원인을 찾아 해결한다. 1월부터 12월까지 2년만 비교해서 공과금 리스트를 뽑아보면 어느 달을 더 절약해야 하는지 계획을 세울 수 있다.

우리 가정 형편을 잘 인식하고 인정하면서 처방전을 찾아야 한다. 그리고 가계부를 당장 기록하자. 흩어져 있는 보험, 적금 횟수를 찾아 적고 공과금 영수증을 모으고 자동이체로 빠져나가는 리스트를 다 적고 금액을 적어라. 우리 집의 지출금액이 보일 것이다. 그리 어렵지 않다. 해보지 않았기 때문에 머뭇거리는 것뿐이다.

주부라면 모두 각자의 가정에 맞는 가계부를 완성할 수 있다. 여기에 가정 가계의 의미와 목적의식을 가치 있게 부여한다면 가정의 가계가 우뚝 설 것이다. 가계부는 가족들의 꿈과 비전을 촉발시킬수 있는 든든한 교과서임을 잊지 말자.

**2**

**칭찬의 말**

# "잘했어. 네 생각은 어때?"

얼마 전 가까운 지인에게 들은 이야기다.

남아프리카 장비아 북부 고산지대의 바벰바 부족은 원색적인 부족 전통만을 고집한다고 한다. 이 부족은 반사회적 범죄 행위가 거의 없기로 유명하다. 간혹 규범을 어긴 부족민이 생기면 바벰바 부족만의 특별한 재판이 열린다. 죄인을 마을 한가운데 세우고 부족민들이 며칠 동안 죄인에게 한 마디씩 던지며 지나간다.

"지난번에 저에게 먹을 것을 줘서 감사했어요"

"저를 보고 웃어줘서 감사했어요"

"우리 아들이 다쳤을 때 옆에 있어 줘서 감사했어요"

"결혼할 때 당신이 가장 기뻐해줘서 감사했어요"

그렇게 죄인에게 착했던 과거를 깨닫게 한 후에 새사람이 된 것을 축하하는 축제로 재판을 마친다고 한다. 감사 인사를 통해 선한 양심을 깨우고, 삶을 지속적으로 성장시키는 동기를 부여하는 것이다.

감사를 기반으로 한 칭찬은 가정을 세우는 데 효과적이다. 아무리 하루가 바쁘다 해도 하루에 한 번 서로에게 칭찬을 하는 가족 문화를 만들자. 서로에게 잘 보이려는 칭찬보다는 방향을 바로잡아주는 칭찬을 해야 한다.

방향을 잡아주는 칭찬은 "잘했어. 네 생각은 어때?"와 같이 의견을 존중하고 살피는 것이다. 그래서 늘 바르고 정확한 방향으로 인간관계를 맺으며 삶을 멋있게 만들어갈 수 있도록 지속적인 동기부여를 하는 것이다.

큰아들이 초등학교 5학년 때 일이다. 집에 올 시간이 훨씬 지난 시간에 들어와 "엄마, 오늘 친구 실내화 찾느라고 늦었어요" 한다. 아들의 말을 들어보니 사연이 있었다.

"어떤 애들이 친구 실내화를 감췄어요. 제 생각에는 친구가

키도 작고 옷도 허름해서 놀리려고 그런 것 같아요 학교 하수
구에서 실내화를 찾은 거 있죠? 내가 실내화 감춘 애들 반드
시 찾아서 뭐라고 할 거예요.”

워낙 의협심이 강한 아이라 충분히 해결해줄 거라 믿었다.
다음 날 아이가 또 늦게 왔다.

“엄마, 오늘 친구 실내화가 또 없어졌어요. 내가 내일 반드
시 그 녀석들을 잡아낼 거예요.”

이 상황을 어떻게 해야 할지 나도 무척 고민스러웠다. 다음
날 아들 친구가 헐레벌떡 우리 집에 뛰어왔다. 큰아들이 친구
와 싸우고 있다는 것이었다. 나는 아이들을 데리고 우리 집으
로 왔다. 그리고 왜 싸움을 했는지 한 사람씩 이야기를 들었다.

“애가 실내화를 늘 감추었던 그 아이예요.”

“그랬구나. 왜 실내화를 감추었니?”

“그냥, 그 아이가 너무 바보 같아서요. 옷도 허름하고 모자
만 쓰고 다니잖아요. 근데 OO가 자기 일도 아닌데 상관하는
것이 짜증 났어요.”

“너 OO를 좋아하는구나.”

“네.”

“OO를 좋아해줘서 고마워. 이번 계기로 앞으로 더욱 친하
게 지내면 되겠구나.”

이야기를 들어보니 결국 우리 아들을 좋아하는 친구였는데 우리 아들이 다른 친구에게 관심을 갖는 게 질투가 나서 일이 벌어진 것이다. 나는 둘을 화해 시키고 그 아이가 집으로 돌아간 뒤 아들과 이야기를 나누었다.

"오늘 우리 아들이 얼마나 인기가 많은지 알았네."

아이가 으쓱한다.

"그런데 친구와 싸운 것은 잘한 일일까?"

"아니요."

"그럼 어떻게 해야 할까?"

"대화로 잘 풀어야 해요."

"그래. 맞아."

"엄마, 그 아이가 모자를 늘 쓰고 다니는 것도 이유가 있어요. 머리에 동그랗게 머리카락이 없어요. 그래서 나는 그 친구가 늘 불쌍했어요. 그래서 잘 챙겨주고 싶었어요."

다음날 그 아이가 우리 집에 왔다. 키가 또래보다 작고 모자를 쓴 모습에 초라한 옷차림을 하고 있었다. 한눈에 보아도 가정형편이 어려워 보였다. 준비해놓았던 과일이랑 빵을 챙겨주면서 말했다.

"굉장히 영리하게 생겼구나. 실내화를 몇 번이나 잃어버려서 고생했지?"

"네. 그래도 이제는 놀림받지 않아요."

"다행이구나. 앞으로도 둘이 친하게 지내."

아이 얼굴에 화색이 돌았다. 그 후로 그 아이와 우리 아들
은 옷도 나눠 입고, 때로 집에서 함께 과일도 먹고, 책도 읽는
친한 사이가 되었다.

칭찬은 고래도 춤추게 한다는 말이 있다. 진심에서 우러나
오는 칭찬은 사람에게 용기를 주어 관계를 회복하고 인간관
계를 원만하게 할 수 있다. 아이들이 친구들과 교우관계를 원
만히 할 수 있었던 것도 친구들과의 관계 방향성을 잘 잡아준
덕분인 것 같다.

부모는 아이를 통해서 많은 것을 배운다. 그래서 아이를 키
워야만 비로소 진정한 어른이 된다는 말이 있는 것 같다. 살
면서  우리는 다양한 문제에 부딪힌다. 문제를 문제로 보지
않고 깨달을 수 있는 기회를 만든다면 얼마든지 좋은 교육의
계기가 된다는 것을 알아야 한다.

아무리 규범을 어긴 실수라 할지라도 그동안 착했던 과거
를 돌아보면서 감사를 찾는다면 실수는 실수로 끝나지 않고
삶의 교훈을 가져다줄 것이다. 이런 따뜻한 가정이 되어서 가
족들의 인생의 방향이 바르게 세워지고 인간관계의 중요성을
알아갔으면 한다.

# 가정 경영의 위력

돈보다 사랑을 소중히 하라　◆　문제가 성장을 부른다　◆　가족의 사춘기는 자기다움을 만드는 시기다　◆　남편보다 가정을 먼저 세워라　◆　분수를 지키면 가정에 봄바람이 분다　◆　결국 남는 투자는 '가족'이다

아내CEO
가정을 경영하라

# 돈보다 사랑을 소중히 하라

부부만큼 가까운 사이도, 먼 사이도 없다. 참으로 아이러니한 일이다. '님'에서 점 하나만 붙으면 '남'이 되는 사이니 말이다.

우리는 서로 좋아서 선택한 인생의 동반자와 가정을 이룬다. 반쪽과 반쪽이 만나 하나가 되어 최소단위의 가정이라는 사회 공동체를 만드는 것이다. 가정은 국가를 존재하게 하고 존속하게 하는 가장 작지만 소중한 씨앗이다. 이 씨앗이 싹을 틔우고 자라 또 다른 가족을 이루며 집안이라는 나무가 된다. 최조의 가정 씨앗이 건강해야 건강한 사회 공동체가 형성되고, 건강한 국가가 이루어진다. 그리고 건강한 국가는 다시 작은 가정이 행복한 싹을 틔울 수 있는 바탕이 된다. 이 순환 사이클 안에 부부는 씨앗의 본체 역할을 한다.

'님'과 '남' 사이의 점 하나는 이혼 도장을 의미한다. 이 점 하나가 얼마나 큰 파장을 이루는지 우리는 알아야만 한다.

"내 가정 하나쯤"이라고 말하지 말자. "이 나라는 왜 이 모양이야"라고도 말하지 말자. 부부의 외도, 도박, 폭력 때문에 어쩔 수 없이 이혼하는 가정도 많이 볼 수 있다. 이 가정에서 태어난 아이들은 지금 어디에 있는가. 이유 없이 고통받고 괴로워하며 방황하는 아이들의 잘못된 선택은 누가 책임져야 하는가.

나는 자기를 조금 희생하더라도 서로의 필요를 채워주는 것이 진정한 사랑이고 부부라고 이야기하고 싶다. 세상 살이에 가장 중요한 것은 '돈보다 헌신'이라고 말하는 사람이 더 많았으면 한다.

"누군가를 사랑한다는 것은 자신을 그와 동일시하는 것이다." 그리스 철학자 아리스토텔레스의 말이다. 가장 바람직한

사랑은 언제나 변함없는 동등한 사랑인 것 같다. 하지만 오늘
날의 성공지상주의와 황금만능주의가 결국 이 사랑을 배반하
고 있다. 부모님은 우리에게 조건없이 언제나 변함없는 사랑
을 주신다. 우리 가정에서는 내가 그렇게 조건없이 변함없는
사랑을 주어야 하는 주체임을 인식해야 한다.

나는 가정의 달 5월이 1년 내내 있었으면 좋겠다. 따뜻한
가정을 다룬 드라마나 다큐멘터리도 좀 더 많이 방영되었으
면 좋겠다. 불륜, 이혼이 판을 치는 드라마는 가정 건강에 도
움이 되지 않는다. 좀 더 건강한 이슈로 무너져가는 가정을
살리는 프로그램이 많이 나왔으면 좋겠다.


2009년 12월에 골프웨어 가게를 오픈했다. 첫아이가 고2
겨울방학을 맞았을 때였다. 곧 고3이 되는 아들을 챙기는 것
도 만만치 않을 텐데 여유 있다며 부럽다고 말하는 사람이 있
는 반면, 우려의 말을 던지는 사람도 있었다. 하지만 내가 아
이 대신 공부해줄 수 있는 것도 아니고 모든 선택은 아이에게
맡겨야 한다는 생각에 내린 결정이었다.

그렇게 내 일을 시작하고, 42세에 접어들면서 내 인생에 대
한 정리를 하고픈 생각이 간절했다. 이 세상에 온 의미를 찾
고 싶은 마음이 내면에서 들끓는 제2의 사춘기가 온 것이다.

어떻게 해야 나의 남은 삶을 값지게 살 수 있을까 고민했다. 아이들은 커서 스스로의 인생을 선택하는데, 오히려 나는 자아를 찾지 못한 채 헤매고 있었다. 그런 기로에서 나는 나만의 영역을 만들기로 결심했다.

2010년 1월, 그 시작으로 편부모 아이들과 가정 불화로 인해 소통이 단절되어 문제를 일으키며 방황하는 아이들 9명을 모아서 대화를 나누는 모임을 만들었다. 학교에서는 문제아로 낙인찍힌 아이들이었지만 내 눈에는 그렇지 않았다. 나는 오히려 반항하는 아이들은 다 이유가 있을 것이라 생각하며 그 아이들에게 동병상련을 느끼고 있었다. 그 아이들을 볼 때마다 불행했던 나의 어린 시절이 떠올랐다. 원인 없는 결과란 존재하지 않는다. 나를 제대로 표현도 못하고 해결책도 알지 못한 채 어른이 되어버린 지금, 인생 밑바닥에 깔려 있는 아쉬움 한자락이 이 아이들을 보게 했다. 내 손을 잡아주는 사람은 없었지만 나는 그 아이들의 손을 잡아주고 싶었다.

큰아들의 반응은 좋지 않았다. 남편의 반응 역시 "군대 갔다 오면 다 철들 거야. 지금 자기가 나선다고 해서 애들이 달라지지 않아"라며 냉담한 반응이었으나 나중에는 적극 도와주었다.

친하게 지내던 부부도 나와 같은 생각이어서 매주 토요일이면 이 부부 집에서 밥을 해서 나누어먹고 운동도 하면서 아이들과 친밀함을 쌓기 위해 노력했다. 워낙 사람들에 대한 신뢰가 없고 사랑을 받아보지 못한 아이들이라 처음부터 마음을 열기를 바라는 것은 욕심이었다. 겨울이 되었을 때 남편이 운영하는 회사에서 스키장으로 워크샵을 갈 때에도 이 아이들을 데리고 가서 많은 대화를 나누며 꿈을 찾게 해주었다.

아이들의 변화는 아주 천천히 일어났다. 그래도 조바심 내지 않고 꾸준히 관계를 유지했다. 어떤 아이에게는 밑반찬을 만들어 주었고, 어떤 아이는 집으로 직접 찾아가 청소를 해주기도 했다. 그러나 일주일 내내 같이 있는 것도 아니고 일주일에 한 번 시간을 보내는 것으로는 우리가 미치는 영향이 아직 변화를 만들어내기에는 역부족이라는 것을 느꼈다. 부모를 대신 하는데는 한계가 있는 것이다.

그 모임에는 보호 관찰을 받는 두 명의 아이도 있었다. 학교에서는 이 아이들을 문제아라고 낙인찍었지만 내 눈에는 사랑스럽고 천진난만한 아이들이었다. 학교 교육의 냉담한 반응에 아이들은 자신의 정체성을 찾지 못한 채 스스로 소외된 사람이라생각하고 있었다. 그 생각을 바꾸게 하기 위해 얼마나 많은 시간과 돈을 투자했는지 모른다.

사람보다 더 소중한 것이 이 세상에 또 어디 있겠는가. 결국 정답은 따뜻한 인간애다. 어느 어머니께서는 아이가 부드러워졌다며 고맙다고 손수건 세트를 선물로 주시기도 했다. 그러면서 엄마의 입장에서 이런저런 이야기를 나누었는데 정말 불행한 가정이 낳은 또 다른 불행한 가정의 사이클을 보는 듯 했다.

이 아이들에게는 특징이 하나 있다. 한번 마음을 내준 사람에게는 자신의 목숨까지 내놓을 정도로 의리가 강하다. 늦은 오후가 되면 이 아이들이 번갈아가며 가게에 찾아왔다. 아이들은 만난 지 며칠되지 않았는데도 할말이 많다. 도란도란 이야기를 나누다 보면 금세 얼굴이 해맑아진다. 지금 대부분의 아이들은 군대에 갔다. 얼마 전 군대에 갔던 아이를 만났다.

"저 군대에서 쫓겨났어요. 감정조절이 안돼서요."

아이의 등을 토닥여주며 나는 또 한 번 아픈 가슴을 쓸어내려야만 했다. 나도 모르게 눈시울이 뜨거워졌다.

이 아이들이 군대를 제대하고 제대로 된 직장을 찾아 일을 하면서 안정된 경제력을 갖추고 마음이 따뜻한 배우자를 만나 아름다운 가정을 이룰 수 있기만을 지금도 간절히 바라는 마음이다.

# 문제가
## 성장을 부른다

아무리 끔찍한 상황이 닥쳐온다 할지라도 인생의 모든 경험에는 교훈이 숨어있다. 이 경험 속에 숨어있는 선물을 발견하고 감사히 받아들인다면 비극적인 경험도, 실패의 경험도 다 유익해진다.

삶에서 일어나는 사건들은 모두 개인이 성장할 수 있는 계기이며 발전할 기회로 삼자. 그리고 인생의 크기를 확장시켜 꿈을 이루는 발판으로 삼자. 어떤 이들은 인생을 복덩이와 골

칫덩이로 분류하기도 하지만 복덩이와 골칫덩이는 뗄 수 없
는 관계다. 처음부터 복덩이라는 칭찬을 받을 만한 사람이 몇
명이나 될까? 이런저런 시행착오를 거치면서 성숙한 자아를
만들어가는 것이다. 결국 '내가 이 땅에 왜 태어났을까?', '무
엇을 위해 왔을까?'라는 질문을 던지며 스스로 정체성에 대한
답을 찾으면서 복덩이가 되려고 노력한다.

이 정체성을 찾기 위해 사람들은 많이 헤맨다. 그리고 사회
관습이나 집안에서 주입적으로 받은 교육 속에서 억압되고
눌려있던 사람들은 더더욱 골칫덩이처럼 행동하기도 한다.
독립적인 인격체로 존중받으며 타고난 재능을 발견하도록 도
와주고 격려해주는 가정에서 자란 사람들은 그야말로 복덩이
로 인생을 행복하게 산다.

복덩이와 골칫덩이의 차이점은 무엇일까. 바로 자신의 정
체성을 찾고, 주어진 삶의 가치를 알고, 타고난 재능을 발휘해
성취를 이루며 다른 사람에게 좋은 영향을 미치느냐 그렇지
못하냐이다. 즉, 자기 자신을 아는 사람이 복덩이인 것이다.


2009년 7월, 송파여성문화회관 시청각실에서 작은 음악회
가 열렸다. 딸 아이가 비발디 콘첼로1악장 바이올린 연주를
하는 자리였다. 이 음악회는 바이올린 레슨을 받는 25명의 아

이들의 기량을 점검하고 독려하기 위한 자리였다. 그래서 각자 수준에 맞는 곡을 선택해 연습하게 했다.

딸이 바이올린을 하게 된 동기는 초등학교 2학년 때로 거슬러 올라간다. 어느 날 바이올린 하는 친구를 보더니 "저도 바이올린 하고 싶어요. 가르쳐주세요" 하는 것이다. 이미 다니던 피아노 학원도 내가 챙기지 않으면 시간을 잊어버리곤 했던 때라 아이가 왜 저렇게 바이올린에 관심을 보일까 생각하면서 진짜로 하고 싶어하는 것인지 알기 위해서 차일피일 미루어보았다.

석 달이 지나고, 다섯 달이 지나고 나서도 바이올린에 대한 관심이 사그라지지 않는 것을 보면서 가르쳐보기로 했다. 중간에 어렵다고 포기하면 안 된다는 약속 후 시작한 바이올린 레슨은 5년째 이어졌다. 그러나 딸은 시간이 지나면서 선생님의 말씀도 늘 듣는 둥 마는 둥 하며 연습은커녕 레슨 시간에도 딴짓하기 일쑤였다.

음악회 당일에도 악보를 다 외우지 못해 선생님이 고민 끝에 보면대를 세워 악보를 놓아 주었다. 옆에서 지켜보던 나는 아이가 왜 연주회에 집중하지 않는지 이해하지 못해 연신 속을 다스려야만 했다.

아이를 키울 때 자신의 생각대로 미치지 못하면 얼마나 신경질이 나는지 모른다. 나는 어렵게 욕심을 다 비우고, 딸이 이 자리에 참석한 것만으로 만족하자고 마음먹었다. 대신 집에 가서 아이와 차분히 이야기를 나누어봐야겠다고 생각했다. 도저히 납득되지 않는 행동들이 많아 좀체 마음이 풀리지 않았지만 꾹꾹 누르고 있었다. 집에 도착하자마자 모두 둘러앉아 가족회의를 했다.

"오늘 연주회를 준비한 네 태도에 대해서 말해보자."

내가 포문을 열었다. 그러자 둘째 아들이 "너 왜 엄마한테 짜증 부리니? 내가 보기에도 좋지 않았어"라며 아이를 나무랐다.

"오빠가 무슨 상관이야!" 딸 아이가 언성을 높였다.

나는 순간 억눌렀던 화가 눈물 섞인 하소연으로 흘러나왔다.

"엄마는 초등학교 때 하고 싶은 것이 너무 많았는데 가난하고 부모님조차 엄마한테 관심이 없어서 하고 싶은 것을 못해서 한이 되었어. 그래서 너희는 하고 싶어 하는 것은 모두 가르쳐주고 싶어서 최선을 다해 좋은 기회를 만들어주었는데…."

"그건 엄마 때 얘기고!" 딸 아이는 여전히 화가 풀리지 않았다.

이 와중에도 휴대전화만 만지작거리는 딸 아이의 모습에 큰아들이 내 눈치를 보더니 아이의 휴대전화를 빼앗아 바닥에 내동댕이쳤다. 그 순간 딸 아이가 고성을 지르더니 문을 쾅 닫고 자기 방으로 들어갔다.

이 광경을 어찌 수습해야 하나 난감했다. 딸아이가 사춘기를 지나느라 예민하긴 했지만 이런 일은 처음이었다.

"엄마, 들어가세요. 제가 알아서 할게요" 하더니 큰아들이 딸 방으로 들어갔다. 연주회 내내 마음을 너무 졸이고 속을 태웠더니 나도 모르게 기진맥진해 방으로 들어가 소리 없이 흐느껴 울었다.

자식 키우는 일이 너무나 힘들게 느껴졌던 순간이었다. 내 성질대로 할 수도 없는 노릇이고 한참 예민한 아이를 어떻게 설득해야 할지도 모르겠고, 내 감정 추스르기도 바쁜 처지라 말을 아끼는 방법밖에는 취할 도리가 없었다.

어떻게 해석해야 할지 고민하고 있을 때 노크 소리가 들렸다. 딸 아이가 눈이 퉁퉁 부은 채 들어와 "엄마 잘못했어요. 엄마 속상하게 한 거 죄송해요. 다음부터 열심히 해서 실망시키지 않을게요"라고 말하는 것이 아닌가. 나는 기특한 마음에 말없이 딸 아이를 안아주었다.

또 한 번은 딸 아이가 나에게 거짓말하는 것을 둘째 아들이 듣고는 다짜고짜 "너 엄마한테 왜 거짓말해!"라며 아이를 나무랐다.

"오빠가 뭘 안다고 상관이야!"

"이게 진짜!"

둘째 아들의 손이 딸 아이 머리에 올라가는 모습이 눈에 들어왔을 때 또 한 번 '이 상황을 어찌 다스려야 하나' 생각했다.

두 아이 모두 화가 나 각자의 방으로 들어갔다. 얼마 후 둘째 아들이 딸 방으로 들어갔다. 10분 정도 시간이 지났는데 아무 소리도 나지 않아 이상해서 들어가 보았더니 둘째 아들이 무릎을 꿇고 눈물을 뚝뚝 흘리며 있는 것이 아닌가. 동생에게 화를 낸 것이 미안했던 둘째 아들이 선택한 태도였다. 이렇게 아이들은 엄마를 도와 문제를 해석하고 감정의 해결점을 찾아갔다.

사람을 재는 잣대는 없다. 전 세계 사람들을 모두 모아놓는다 해도 똑같은 사람은 한 명도 없기 때문이다. 비 온 뒤에 땅이 더 단단해지고 무지개가 뜨듯이 사람 사이에 덜거덕거리는 소리가 나는 것은 정상이다. 때로는 복덩이로 생각했던 아이가 골칫덩이가 되기도 한다. 골칫덩이였던 아이는 복덩이가 되기도 했다. 이런 문제의 반복과 해결해가는 과정 속에서 결국 가정은 성장해가는 것이다.

## 가족의 사춘기는
## 자기다움을 만드는 시기다

많은 엄마들은 아이들의 사춘기가 무섭다고 한다. 그런데 어릴 때 사춘기가 오는지 가는지 모른 채 지나간 어른들은 뒤늦게 사춘기가 온다. 아이들은 엄마의 사춘기가 힘들다고 한다. 가족들은 아빠의 사춘기를 무겁다고 표현한다.

사춘기는 육체적, 정신적으로 성인이 되는 시기를 말한다. 성호르몬 분비가 증가하여 2차성징이 나타나며 이성에 관심을 가지게 되고 가슴 설레는 사랑을 느끼게 된다. 예측할 수 없는 감정이 불쑥불쑥 튀어나와 주변 사람들을 당황하게 하기도 한다. 그러나 이 모든 것을 떠나 사춘기는 '나는 누구인가?'라는 자기 존재감을 찾는 시기다. 때문에 사춘기 과정을 잘 통과하면 자기만의 창의적인 꽃이 피기도 한다.

내가 지켜본 가족의 사춘기는 자기다움을 찾는 여행이었다. 그래서 예민하게 반응하거나 저항할 필요가 없다. 옆에서 따뜻한 말과 격려로 지켜보면서 여행이 끝나고 제자리에 아름답게 서 있을 모습을 그려보면 된다.


모소대나무는 일생에 단 한 번 꽃이 하얗게 핀다고 한다. 꽃이 지면 땅에 떨어져 씨앗의 시체를 나타내기 위한 준비를 한다. 무수한 세월을 인내하며 본 모습을 나타내기 위한 준비 작업을 4년이라는 시간 동안 아무도 모르게 준비한다. 뿌리를 깊게 또 넓게 퍼트리는 작업을 할 때 수많은 상처가 난다고 한다. 이 과정을 견디고 나면 작은 죽순이 올라오는데 이 죽순이 자라는 속도는 놀라울 정도다. 자고 일어나면 30cm 이상 쑥쑥 자라서 6주가 지나면 15m 이상 자란다고 하니 말이다.

더욱 신기한 것은 이 작고 미약한 죽순 속에 완전히 성장했을 때의 모든 마디가 다 들어있고, 그 마디들은 저마다 강인한 생명력을 지닌 생장점을 다 갖추고 있다고 한다. 그래서 아무리 비바람이 불어와도 대나무가 꺾이지 않는다고 한다.

얼마나 놀라운가? 나는 사춘기라고 표현하는 성장통 역시 외로운 작업이지만 자기의 본 모습과 기질을 발휘하기 위해서 견뎌야 할 길고 아름다운 여행이라 생각한다. 아직도 이 여행이 무섭다고 힘들다고, 두렵다고 말하고 싶은가.


2008년 10월, 고1 큰아들의 사춘기가 마무리에 와 있음을 알리는 사건이 있었다. 중학교 3년 내내 뿌리 내리는 과정을 지켜보며 나는 속이 새까맣게 타들어 갔다. 공부해야 할 시기에 친구들과 어울려 PC방에서 살고, 멋내기에 관심이 쏠려 홍대니 이태원이니 명동이니 패션 유행가를 다 누비고 다녔다.

그런 아이가 어느 날 갑자기 "엄마, 100만 원만 주세요. 묻지 마시고요. 대신 휴대전화 끊을게요. 그리고 고3 때까지 사지 않을 거예요. 약속 꼭 지킬게요. 제가 앞으로 쓸 휴대전화 사용료를 미리 당겨서 주신다고 생각하시면 되잖아요"라는 것이다.

아이의 말을 듣고 보니 거절할 이유가 없었다. 단지 목돈이라는 것과 이 돈을 도대체 어디에 쓰려고 하는지 궁금하기 짝이 없었다.

　저녁에 남편과 상의했다. 남편은 "일단 아이를 믿어봐야지"라고 말하면서도 말꼬리를 흐리는 게 석연치 않다는 반응이었다. 어쨌든 아들을 믿어보기로 했다. 나는 100만 원은 아무래도 무리라 생각해서 50만 원으로 절충해서 아이에게 주었다. 돈을 받은 아들은 스스로 휴대전화를 정지시켰다.

　2주가 지난 11월, 내 생일 저녁이었다. 온 가족이 둘러앉아 생일축하를 받았다. 부모님께서도 축하한다며 선물을 건네주셨다. 그때 큰아들이 "잠깐만요" 하더니 자기 방에 들어가서 큰 쇼핑백을 가지고 나오는 것이 아닌가.

　"엄마, 그동안 저 때문에 마음고생 많이 한거 알아요. 지금은 학생이라 돈이 없어서 휴대전화 반납하고 받은 돈으로 엄마 선물을 샀어요. 앞으로 열심히 공부해서 훌륭한 사람이 될게요."

　아이의 말을 듣자마자 두 눈에서 눈물이 흘렀다. 내 생일 선물을 마련하기 위해 휴대전화를 반납하고 목돈을 받아간 것이다. 유명브랜드의 잿빛 겨울코트와 흰색 목폴라를 사 왔다. 이 아이는 약속은 지켜야 한다며 고3 생활을 마치고 미국에 가기까지 휴대전화를 사지 않았다. 이런 아들이 너무 대견하고 기특했다.

나는 사춘기 여행을 하고 있는 가족들에게 "기다리면 된다"
라고 말한다. 각자 자기 있는 자리에서 자기 일을 하면서 기
다리면 되는 것이다.

어느 날 큰아들의 방 안이 온통 자전거 부품으로 가득찼다.
용돈이 생길 때마다 마음에 드는 부품들을 따로따로 구입해
놓은 것이다. 결국 부품이 다 갖추어지자 제 손으로 조립하여
자기만의 자전거를 만들었다. 자기만의 독창적인 자전거를
갖기 위해 자기가 원하는 부품들을 하나씩 모았던 것이다. 마
치 사춘기 여행에서 자기다움을 찾기 위해 자신의 기질을 찾
아 헤매는 것처럼 말이다.

이때 부모가 "방이 지저분하잖아", "그냥 평범한 자전거가
싸고 좋잖아!"라며 잔소리하기보다는 "너만의 멋진 자전거가
만들어졌으면 좋겠구나", "빨리 보고 싶구나"라며 아이의 자
기다움을 찾는 과정을 지지해주는 것은 어떨까?

큰아들의 영향으로 둘째, 셋째 아이도 자기다움을 찾는 과
정을 잘 마쳤다.

아무도 알아주지 않는 어둡고 딱딱한 땅속에서 결코 흔들
리지 않고 훗날의 모습을 그리며 묵묵히 자기다움을 준비하
는 과정은 누구에게나 필요하다. 기다리는 동안은 아프기도

하고 상처가 되기도 하지만 기다림의 보상은 커다란 기쁨으로 다가올 것이다. 마치 모소대나무가 기질을 발휘해 높이 뻗어올라가는 것처럼 말이다.

부모는 생명력을 지닌 생장점이 자기의 역량을 발휘할 수 있도록 기다리면 된다. 그러나 우리는 너무 급해서 기다리지 못한다. 모내기를 해놓고 모가 잘 자라는지 궁금해서 자꾸 뽑아보며 확인한다면 이 모가 잘 자랄 수 있겠는가.

사람들은 각자 자기다움이 충분히 무르익어야 한다. 독창적이고 차별성 있는 모습으로 성장해서 하고 싶은 일들을 신나게 해야 한다. 남의 시선에 박힌 모범생의 모습을 지키기 위해 사람들에게 휘둘리며 자기다움이 무엇인지도 모르고 살아가는 사람들이 너무나 많다. 안타까운 노릇이다.

삶은 누구나 다 존중받아야 한다. 그 사람만의 색깔을 인정해주어야 한다. 이럴 때 비로소 행복한 자아가 만들어지고, 행복한 가정이 되며, 행복한 직장이 되고 행복한 나라가 될 것이다.

# 남편보다
## 가정을 먼저 세워라

사업하는 남편들의 아내들은 늘 고달프다고 말한다. "회사에 2천만 원이 있어야 더 확장해서 수익을 낼 수 있는데 어디서 빌려올 수 없을까?"라는 남편의 하소연 때문이다.

사업하는 사람의 아내처럼 돈을 많이 만져보는 사람도 없을 것이다. 회사가 살아야 집안을 살릴 수 있다고 한결같이 말하는 남편들 때문이다. 회사 운영이 생각처럼 잘되면 얼마나 좋겠느냐마는 대부분 은행에 집을 담보로 저당을 잡아 사업을 확장한다. 그러다 자칫 사업이 어려워지기라도 하면 경매로 모든 자산이 다 날아가 버리고 가족들은 말할 수 없는 고통을 당한다.

처음부터 실패하고 싶은 사람이 어디 있겠는가. 다 큰 비전을 가지고 밤낮 가리지 않고 열심히 일해서 처자식 고생 안 시키겠다고 뛰어든 사업이다. 사업이 잘 나갈 때는 여기저기서 돈 갖다 쓰라고 애걸도 한다. 하지만 상황이 나빠지면 돈 빌려달라고 할까 봐 전화도 피하는 게 현실이다.


"스키 장갑이랑 마스크 챙겼어?"

해마다 겨울철이 되면 남편이 경영하는 회사는 스키장으로 워크숍을 간다. 스키를 탈 줄 모르는 직원은 배울 수 있도록 세밀하게 지도도 해준다. 직원들은 슬로프를 몇 번씩 오르내리며 신나게 스트레스를 푼다. 저녁 준비 시간에도 이런저런 이야기를 나누며 웃음꽃을 피우고 즐거운 추억의 한 장면으로 남긴다.

연말이면 술자리가 이어지는 회사들이 많은데 이런 환경을 스키장으로 전환한 뒤 직원들의 반응이 좋아 지금까지 회사의 전통으로 이어오고 있다. 회사는 작지만 늘 실속있는 경영을 하는 남편이었다. 거래처 로비나 접대비를 직원들에게 돌려 힘을 북돋는 식사 자리도 자주 가진다.

인맥도, 돈도, 빽도 없는 남편은 돌다리를 두드리다 못해 뒤집어서까지 두드리며 신중하고 철저히 운영을 한다. 그래서인지 회사는 지금까지 부채가 없다. 회사에서 쓰는 어음의 수준은 갚을 수 있는 범위 내에서만 발행한다. 어떠한 상황에서든 빚을 내지 않는 역량에서 최선을 다하고 거래처와의 신뢰를 최우선으로 여기며 사업을 꾸려왔다. 사장이지만 직원들이 바쁘면 물건 포장까지 몸소 나서서 같이 작업하는 사장이다.

"사장님 체면을 지키시지요?"라고 말하면 "체면이 밥 먹여주나?" 하며 아랑곳하지 않고 소신 있게 회사를 운영해왔다. 해와 비를 기다리며 농사를 짓는 농부의 근성이 남편에게 고스란히 젖어있다. 풍성하고 색깔 좋은 과일이 농부의 부지런한 발자국 소리를 들으며 무르익어 가듯이 남편의 회사도 뚜벅뚜벅 걷는 발자국을 따라 성장하고 있다.

한번은 "여보, 이제 좋은 차로 바꿔요. 보는 눈도 있잖아요"라며 차를 바꿀 것을 권유했다. 차를 살 여유가 있는데도 "나중에. 차가 뭐 중요하다고. 아직 애들 교육도 시켜야 하고, 회사도 성장시켜야지! 차만 좋은 거 타고 다닌다고 누가 알아주나"라며 전혀 생각 없다는 듯 말한다. 남자들은 차가 자기 자존심이라 표현하는 시대가 아닌가. 차라도 좋은 차로 바꿔 남편의 무거운 어깨에 보상이 되었으면 하는 내 속내를 아는지 모르는지 늘 같은 대답이다.

이런 남편의 모습에 늘 숙연해진다. 아내로서 세상의 거친 바람에도 회사를 지켜야 하는 남편 어깨의 무게를 어떻게 덜어줄 수 있을까 늘 고민한다. 나는 가정을 든든하게 세워야겠다는 결론을 내렸다. 사업하는 사람들은 빚을 만들게 되어 있고 욕심에 따라 선택을 잘못하면 한순간 회사의 위기가 올 수 있다는 강박관념이 나에게 늘 깔려 있다.

내가 할 수 있는 최고의 내조는 재테크였다. 우리 가족뿐만 아니라 남편의 사업에도 뿌리와 양분이 될 수 있는 자금을 마련하는 것이 나의 역할이라 믿었다.

나는 타고난 가난을 다시 대물림하지 않기 위해서 남편의 기업에서 나온 이익으로 아무도 손댈 수 없는 가정을 세우는 것이 최우선이라 생각하고 계획을 세웠다. 일단 어떤 위기에도 흔들리지 말아야 할 세 가지를 아이들 교육, 노후, 집안 경조사라고 판단하고 유동자금과 부동산자금으로 분류하고 분산투자로 전략을 짰다. 부동자금으로 묶어서 투자한 것은 훌륭한 이익창출수단이 되었다. 이 자금은 남편 사업 확장으로 가정 수입이 현저히 줄었을 때도 아이들의 교육비를 부담없이 커버할 수 있는 든든한 버팀목이 되어주었다.

회사 경영 수입의 오르내림에 상관없이 두 아이의 유학비와 대학생 딸의 교육비, 그리고 큰 욕심을 부리지 않는 한 부족함 없는 노후를 보낼 수 있도록 방비책을 마련해놓고 나니 어떤 것도 두렵지 않다.

남편이 회사 경영에만 집중할 수 있도록 가정 운영을 잘해왔다는 자부심이 든다. 앞으로도 남편의 회사가 계속 승승장구하기를 여러 방면으로 도우려고 한다. 단 한 번도 "여보, 어디 돈 빌려올 데 없을까?"라고 묻지 않는 남편에 대한 고마움의 보답으로 아내 CEO 자리에서 가정을 지켜낸 것이다.

가정을 먼저 세우는 과정에 직원들의 쓴소리도 있었지만 이제는 앞으로 전진할 회사를 응원할 수 있는 가정으로 온전히 세워졌다. 이것이 이 세상 풍파에서 우리 가정을 지켜낼 수 있는 나의 선택이었다.

# 분수를 지키면
## 가정에 봄바람이 분다

분수(分數)의 사전적 정의는 "사물을 분별하는 지혜, 자기 신분에 맞는 한도"이다. 결국 자기 자신을 알고 우리 가정을 잘 아는 것이야말로 자신을 지키는 것이고 가정을 지킬 수 있는 비결이다. 하지만 나를 아는 것은 생각보다 쉬운 일이 아니다. 사회의 획일화 된 시스템은 내가 누구인지를 찾을 수 없도록 되어 있기 때문이다.

세상을 살 만큼 살았다고 하는 60대 할아버지조차 내가 어떻게 살아야 하는지 아직 찾지 못하는 경우가 많다.

나의 분수를 알고 더불어 가정의 분수를 알아 지켜나가려면 우선 자기 자신을 알아야 한다.

개구리를 잘 관찰해보자. 멀리 뛰기 위해 뒤로 몸을 젖히는 것을 알 수 있을 것이다. 개구리는 앞다리가 뒷다리에 비해 상당히 짧다. 만약 몸을 뒤로 젖히지 않고 앞으로 뛰다가는 몸통이 앞으로 꼬꾸라져서 상처투성이가 될 수도 있다. 그래서 개구리는 몸을 뒤로 젖히는 자세를 택한 것이다. 겉보기에는 이상할 수 있어도 자신의 상황과 분수를 알고, 그에 맞는 해답을 찾아나가는 것, 그것이 내가 개구리의 뜀박질로부터 배운 점이다.


가정을 지키려면 가정의 분수를 알아야 한다. 분수를 지키기 위해서는 분수에 넘치는 욕망을 버려야 한다. 그리고 분수에 맞게 행동해야 한다. 자신을 지키고 가정을 지키는 것은 어려운 것이 아니다. 불필요한 욕망 때문에 어렵게 느껴질 뿐이다.

자신의 가정 형편과 환경을 인정하라. 그리고 있는 그대로 받아들여라. 때로는 도망치고 싶을 때도 있겠지만 피한다고 해결되면 누구라도 다 피했을 것이다. 피할 수 없다면 직면하고 즐기면서 마주하면 된다. 결국 인정하고 받아들여 어려운 환경 속에서도 즐길 수 있게 된다면 훨씬 인생이 가볍게 느껴질 것이다.

옆집이나 앞집이나 사는 것은 다 다르지 않다. 어차피 인생은 알몸으로 와서 알몸으로 가는데 남에게 보이기 위해 살 필요가 없다. 자신의 가정다움으로 당당하게 살면 그것이야말로 최상의 보금자리가 아니겠는가. "뱁새가 황새를 따라가면 가랑이가 찢어진다"라는 속담이 있다. 남이 한다고 제힘에 겨운 일을 억지로 해나가려다가는 도리어 화를 당할 수 있다는 말이다.


첫 아이의 돌을 앞두고 우리 부부는 고민이 많았다.

"우리는 돌잔치 어떻게 할까?"

"우리가 부르면 우리도 부를 때 가야 하는데 서로 부담 주는 거 아닐까?"

첫아이 돌이라 남들처럼 잔치를 해보고 싶었는데 집도 좁고 형편이 여유롭지 않고 우리도 돌잔치에 부르면 경제적 부담이 된다는 것을 알았기 때문에 조촐하게 생일파티를 하고 아이가 건강하고 씩씩하게 잘 자란 모습을 가족들과 함께 사진으로 남겼다.

남들처럼 하지 못했다는 아쉬움은 남았지만 다음에 형편이 되면 꼭 남들처럼 해봐야지 생각했다. 둘째 아이를 갖고 돌잔치를 해주려고 꼬박꼬박 돈을 모았다. 이것이 엄마의 욕심인가 보다. 뷔페를 예약하고 가까운 친척, 친지, 친구, 회사 동료에게 연락했다. 당일날 한복을 입고 손님을 맞이했다. "축하해" 하며 돌 반지와 흰 봉투들이 들어왔다. 시어머니께서도 아이 손가락에 금반지를 끼워주셨다. 아이는 이 모든 것에 관심이 없었다. 그야말로 어른들의 잔치였다. 아이는 피곤했는지 계속 울며 칭얼댔고, 이런 아이를 달래는 엄마는 더 피곤했다.

돌잔치를 마무리하고 집에 돌아온 가족들의 얼굴에는 피곤이 역력했다. '누구를 위한 잔치일까'라는 생각이 번뜩 스쳐 지나갔다. 남들이 다 하는 돌잔치를 우리만 못하나 싶어 뒤지고 싶지 않아 했던 잔치는 결국 부모 만족을 위한 어른들의 잔치로 끝났던 것이다. 진짜 주인공은 알지도 못하는 생일을 주위에서 난리법석을 떤 것이다. 멀리서 돌잔치 때문에 오신 친척들께도 죄송한 마음이 들었다. 내려가실 때 차비라도 드려야 하는 건데 너무 아쉬운 마음이었다.

이 잔치를 통해 깨달은 것이 있다 굳이 아이가 관심도 없고 모르는 생일잔치를 요란스럽게 할 필요가 없다는 것이었다. 형편에 맞게 예쁜 옷 한 벌 사 입히고 사진관에서 사진을 남기는 것이 아이에게 더 의미 있는 생일이 될 수 있다는 것을 알았다. 18개월 차이로 셋째 딸이 태어났을 때 백일잔치와 돌잔치는 조촐하게 집에서 식사를 준비해서 축하해주었다.

남들 한다고 다 따라 하는 것은 때로는 가정 형편에도 맞지 않고 남들에게 피해를 줄 수도 있다. 본래의 의미를 떠난 형식일 수도 있다.

형편에 맞게 행동하는 것은 때로 용기가 필요하다. 남들의 시선 때문에 형편에 맞지 않는 욕심을 부려 가계운영이 어려워지는 가정이 너무 많다. 이는 누구에게도 이득이 되지 않는다. 결국 남을 의식하면서 손해를 보는 셈이다. 특히 아이들 교육은 더더욱 그렇다. 좋은 교육시키겠다는 욕심으로 정작 아이와 소통은 끊어지고 꿈과 비전을 발견하지 못한 채 아이들을 외톨이로 만들고 있다.

맞벌이 역시 가정형편에 맞게 지혜롭게 했으면 좋겠다. 돈을 버는 목적과 의미를 확실히 정해놓고 본질을 잘 챙겨야 한다. 본질을 떠난 곳에는 웃음도, 행복도 따라오지 않는다. 개구리가 앞다리가 짧아서 뛸 때 몸을 뒤로 젖혀 뛰는 것처럼 우리 가정의 형편과 환경을 잘 파악하고 맞는 방법을 찾아낸다면 사철에 봄바람 불 듯이 웃음꽃이 피어날 것이다.

우리 가정의 웃음꽃은 우리 가정 스스로가 만드는 것이다. 서로 서로의 의견을 존중하며 아버지는 아버지의 자리에서 분수를 지키고, 어머니는 어머니의 자리에서 분수를 지키고, 자녀들은 자녀의 자리에서 분수를 지키면 그 어떤 가정과 비교가 되겠는가. 이 본질을 잘 찾아서 지키는 것이 나를 지키고 가정을 지키고 나라를 지키는 것이 되지 않겠는가.

분수를 지키는 가정은 어떠한 비바람이 이 가정에 몰아 불어 닥친다 해도 절대로 넘어지거나 쓰러지지 않는다. 아니, 위기가 닥칠수록 더욱 단단해져서 오히려 다른 이들의 손을 잡아줄 수 있는 가정이 될 것이다.

# 결국 남는 투자는 '가족'이다

가장 가까운 사이일수록 모순투성이다. 제일 사랑한다고도 하고, 가장 원수라고도 하고, 제일 상처주는 이라고도 한다. 그러니 가까운 사이일수록 간격을 잘 지켜야 한다. 말과 행동을 더 신중하게 해야 한다. 이렇게 관계를 잘 유지하면 서로에게 좋은 에너지가 될 수 있고, 관계가 더 돈독해질 수도 있다. 이런 관리가 필요한 관계가 바로 가족이다.

"잡은 물고기에 더욱 정성을 쏟는 것이 진짜 영업이다"라고 말한 세일즈맨의 이야기가 있다. 가정에서도 세일즈가 필요하다. 사후서비스가 고객의 감동을 부르는 것처럼 말이다. 가까운 사람일수록 더 인정받고 행복하게 해주어야 오랜 고객이 되고 이 고객이 또 다른 고객을 끌고 오는 것처럼 말이다.

사람의 최고 명예는 바로 가족의 인정이 아닐까 한다. 아무리 높은 자리에 올라 사람들의 존경을 한몸에 받는다 해도 가족에게 인정받지 못하면 돌아갈 자리는 없다. 가족은 결국 우리가 돌아가야 할 고향이다. 고향은 언제나 포근하고 따뜻하다. 살아있는 추억이 고스란히 묻혀 있는 곳이다. 진정한 힐링처가 되는 곳이다. 이 고향을 누가 마다하겠는가.

그러나 이렇게 생각을 하지 않고 가족을 무거운 짐으로만 여긴다면, 그저 욕망을 채우는 장소로만 생각한다면 얼마나 이기적인 가정이 되겠는가. 남의 고향에 온 기분일 것이다. 수많은 경쟁 속에서 힘겹게 싸움을 해야 하는 세상에서 가장 이익이 많이 남는 세일즈는 가족이라는 점을 잊지 말자.

등잔 밑이 어두운 법이다. 지금까지 가족이 보이지 않았다면 이제부터라도 보는 눈을 열기 바란다. 바로 옆에 파랑새를 두고 멀리 찾아 헤매며 헛되이 시간과 돈을 낭비하지 마라.

우리 행복의 근원은 가정이다. 가장 친밀하게 눈을 맞추며 대화를 나누고 필요를 채워야 할 대상도 바로 가족이다. 절대 어긋남은 없다. 여기서부터 삶의 원동력이 생길 것이니 말이다.

인생의 가장 추운 겨울날, 나를 낳아주신 엄마를 원수라고 표현했던 적이 있었다.

"엄마 어디 가셨니?"

"몰라. 술 드시러 갔나 봐"

나는 늘 학교에서 돌아오면 집에 엄마가 있는지 먼저 확인했다. '오늘도 또 술 드시고 집에 늦게 오시겠구나'하는 무거운 마음을 안고 두 동생을 챙겨야 하는 맏딸의 운명이었다. 늘 몸이 아파 힘들어하면서도 우울증에 빠져 술 한잔 드시면 술이 술을 먹는 지경에 이르기까지를 반복한 것이 수년이었다. 그럴수록 가정 형편은 말할 수 없이 초라하고 빈궁해졌다.

하루 이틀은 이해할 수 있다고 하지만 긴 병에 효자 없다고, 엄마의 방황을 도저히 납득할 수 없었다. 마음속에 쌓여가는 불안과 부모님의 싸움의 공포는 이 땅에서의 삶을 포기하고 싶게 만들 정도로 고통이었다. 술을 드시지 않으면 평소에 말도 없고 차분하기 그지없는 분이 술만 입에 대면 다른 사람이 되었다. 이런 환경 속에서 엄마에 대한 원망은 자연스레

미움으로 변했다. 급기야 "원수도 이런 원수가 없어. 도대체 자식이 불쌍하지도 않나"라는 말과 함께 눈물을 흘리기를 매일같이 반복했다.

결혼할 때도 시댁 부모님께서 워낙 점잖은 분들이라 대놓고 반대하시지는 않았지만 흔쾌히 나를 받아들이지는 못하셨다. 자식 이기는 부모 없다고 울며 겨자 먹듯이 받아들이신 것이다.

"그 엄마를 보면 그 딸을 알 수 있다"는 말이 왜 시어머니의 마음을 괴롭히지 않았겠는가. 이런 시어머니에게 '반드시 좋은 며느리가 될 테니 지켜봐 주세요'라고 속으로 다짐했었다. 나의 숨은 외로움은 이루 말할 수가 없었다.

결혼하여 독립한 후로도 집에 전화해서 식구들이 밥은 제대로 먹고 있나 확인해보면 엄마가 또 술 드시고 있다는 말에 부아가 치밀어 올랐다. 어느 날 몸이 부쩍 쇠약해진 엄마는 수원에 있는 한 병원에서 검진을 받았고, 그 결과 폐암이라는 뜻밖의 진단을 받고 오셨다. 미운 엄마였지만 가슴이 철렁 내려앉았다. 한 군데에서 받은 진단이 정확한 진단이 아닐 수도 있다고 생각하고 서울에 있는 큰 병원으로 옮겨서 다시 조직 검사를 한 결과 폐암 4기로 수술이 어렵다는 최종 판단이 나왔다.

“집에 가셔서 드시고 싶은 거 다 드시게 하세요. 마지막 고통은 상상을 초월할 정도로 참기 어려울 것입니다. 앞으로 3개월 남았습니다.”

가족들의 따뜻한 보살핌이 있어야 한다는 의사의 말에 눈앞이 캄캄했다. 술은 끊으셨지만 생각지도 못한 결과 앞에 가족들은 망연자실했다. 나는 서울에서 수원까지 일주일에 한 번씩 내려가 엄마의 밥을 챙겼다. 시간이 갈수록 야위어가는 모습을 보면서 가슴이 아프기도 하고, 엄마의 인생이 불쌍하다는 생각에 동정심도 들었다.

엄마로 인해 우리 가정도 불행해졌다. 내가 제 역할을 하지 못하니 가족들의 불만이 쌓여갔다. 결국 나는 둘 중 하나를 택하기로 하고, 서울에 남편 혼자 남겨놓고 세 살짜리 아들과 6개월 된 둘째 아들을 데리고 친정으로 가 엄마를 간호했다.

숨을 제대로 쉬지 못해 눕지도 못하고 베개로 4단을 쌓아 머리를 묻고 쪼그리고 앉아 밤낮을 보내야 하는 고통을 고스란히 옆에서 지켜보는 고통은 말할 수가 없었다. 시어머니께서는 이 모습을 못마땅히 여기셨다. 참 야속했다. 원수처럼 여기며 용서를 하기 싫었던 엄마를 병간호까지 해야 하는 괴로움은 어디에다 표현할 수 없었다.

그러나 옛말처럼 피는 물보다 진했다. 비록 몸은 고단했지만 그래도 엄마가 이렇게 내 곁에 있다는 것만으로도 감사하다는 생각이 든 날이 있었다.

"내가 엄마 옆에 꼭 있을 거니까 걱정하지 마."

눈물로 고백한 날 엄마는 조용히 숨을 거두셨다. 나는 그저 하염없이 울었다.

추운 겨울날 자기도 모르게 빠른 발걸음을 재촉하는 것을 느껴본 적 있는가. 나의 차가운 겨울은 따뜻한 곳으로 발걸음을 재촉하게 하는 인생의 계절이었다. 결국 내 인생의 멘토는 아이러니하게도 평생 원수라 생각했던 엄마였다.

따뜻한 가정 속에서 자랐더라면 아마도 따뜻한 가정을 세워야겠다는 각오가 지금처럼 확고하지 않았을 수 있다. 혼자 스스로 강하게 일어나고 나아갈 수 있는 DNA를 만들어준 사람이 바로 원수인 엄마였던 것이다.

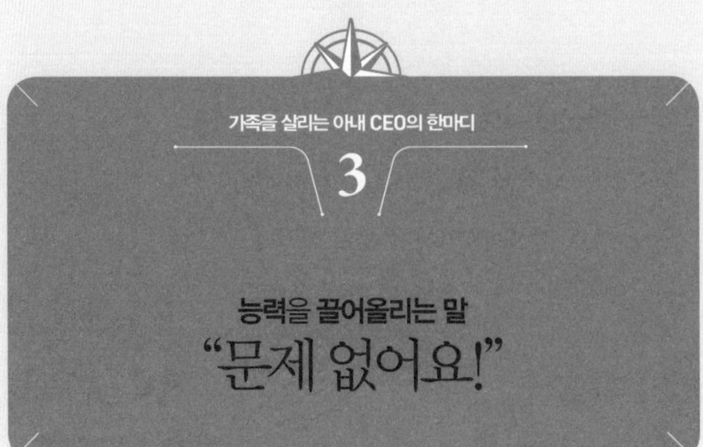


사람은 평생 잠재능력의 2%만 쓰다가 죽는다고 한다. 이 말은 얼마든지 잠재능력을 쓸 수 있다는 말이다. 최고를 기대해야 하는 이유이기도 하다. 윈스턴 처칠은 이렇게 말했다.

"다른 사람에게 영향을 미치고 싶다면 그에게 없는 자질이 실제로 있는 것처럼 말하라. 그러면 그는 당신이 옳다는 것을 증명하려고 무슨 일이든 할 것이다.

가장 중요한 것은 자신에게서 항상 최고를 기대하는 것이다. 그래야 잠재자질과 특질을 개발할 수 있다. 기준을 높이 설정하는 것이 바로 꿈을 꾸는 것이다. 꿈은 자석과도 같다고 한다. 꿈이 크면 클수록 자신의 능력을 끌어 올린다고 한다.

"호랑이를 그리려면 고양이라도 그려라."

최고 기대치를 이루기 위해 최선을 다하라는 뜻이다. 실제로 예일대 졸업생 중 꿈이 있는 3%와 꿈이 없는 97%가 나란히 사회에 진출했을 때 20년 후 꿈이 있는 3%의 학생이 부의 97%를 차지했다는 결과가 나왔다고 한다.

우리의 몸값은 꿈을 얼마나 크게 꾸느냐에 달렸다. 그러기 위해서는 무엇보다도 가족구성원을 늘 칭찬하면서 지속적으로 동기를 부여해야 한다. 최고기대치의 성과를 거두기 위해 갖추어야 할 중요한 자질이 자신감이기 때문이다.

자신감이 점점 커지기 위해서는 "당신을 전적으로 믿습니다"라고 말하며 진심으로 상대를 존중하고 아끼는 마음으로 든든한 지원군이 되어주어야 한다. 최고의 기대치를 갖는 것이 허영된 욕심과 보여주기 위한 도구가 되면 안 된다. 이것은 꿈이 아니다. 분명한 방향성이 있어야 한다. 최고치를 기대하는 것은 작심삼일이 될 수 있는 사람의 의지를 끌어 올리기 위함이고 최선을 다해야 할 목적의식이 되게 하기 때문이다.

"우리 아이들에게는 절대로 가난을 물려주지 맙시다."

우리 부부가 매일 하는 다짐이다. 가난한 양가 부모님의 도움을 받지 못하고 스스로 일어서야 했던 우리 부부는 참 열심히 살았다. 지금 돌아보면 어려운 환경 가운데 열심히 살 수 있었던 원동력은 '꿈'이다.

우리 부부의 여러 가지 꿈 중 하나가 '최고치의 교육'이었다. 남들이 말하면 비웃을까 봐 아무에게도 말하지 않았지만 이 꿈은 언제나 마음을 설레게 했다. 모든 어려운 환경 가운데 성실한 자세로 최선을 다하도록 만들었다.

"반드시 우리 아이들은 좋은 교육을 시킬 거야."

배움에 대한 갈망이 많았던 내가 이룰 수 없었던 꿈을 아이들은 반드시 이루길 바랐다. 꿈을 이루기 위해서 열심히 아이들 교육보험을 부었고 허리띠를 졸라맸다. 호랑이를 그리기 위해 고양이를 그리는 과정이었다.

어느 날 세 아이를 데리고 올림픽 공원에 나들이를 가기 위해 도시락을 싸서 전철을 탔다. 각자 어깨에는 자기가 먹을 것과 스케치북, 색연필이 든 가방을 메고 있었다.

"애기 엄마, 참 힘들겠네."

옆에 앉아 계시던 할머니가 말을 건넸다.

"네. 세 아이 키우는 것이 생각보다 힘드네요."

"애 셋 교육시키려면 돈도 많이 들겠네."

이미 이 할머니는 자식을 키워보셨기 때문에 경험에서 나온 말인 것 같았다.

"돈이 얼마나 많이 드는데요?"

"가르치기 나름이지만 기둥뿌리가 흔들리지."

나는 당당히 할머니에게 이렇게 말씀드렸다.

"저는 문제 없어요. 아이들 교육보험을 다 들어 놓았거든요."

"그거 가지고 될까?"

순간 내 마음이 쿵 내려앉았다. 아이들 교육을 위해서는 더 많이 준비를 해야 하는구나 싶어서였다. 먼 미래까지는 아직 막연하기 때문에 당당하게 말했던 내가 부끄러웠다. 그러나 한편으로는 우리 형편에 최선을 다해 교육보험을 붓고 있었던 터라 떳떳한 마음이 있었다.

사실 어려운 환경 속에서 최고치를 꿈꾼다는 것은 남에게 보이려는 허영심이 있거나 헛된 욕심이 많아서일지도 모른다는 생각이 들기도 했다. 그래서 아무에게도 말하지 못했는지도 모른다.

현재 두 아들은 미국에서 유학 중이다. 우리 가정의 꿈이 이루어진 것이다. 어떤가. 꿈은 크게 꿀 만하지 않은가! "꿈이 클수록 꿈을 이룰 수 있는 자석도 커진다"라는 말에 동감한다. 그러니 여러분도 꿈을 이루기 위해 꿈을 이룰 수 있는 책을 많이 읽고, 계획을 세워 꿈을 현실로 만들어내기를 바란다.

요즘 딸에게 이렇게 말한다.

"대학도 스스로 선택했으니 앞으로 취업의 길도 잘 선택할 것을 전적으로 믿는다."

딸은 고개를 끄덕이며 빙그레 웃는다. 이것은 그동안의 교육 효과다. 나와 남편이 평소에 하는 말, 두 오빠들의 경험을 본보기삼아 가치관이 형성된 것이다.

가정기업을 효과적으로 운영하려면 아내 CEO가 가족들이 최고치를 기대하면서 꿈을 꾸게 만들어야 한다. 마음속의 가족에 대한 믿음을 자주 표현하고 말하자. 가족의 자신감을 극대화 시키고 실제로 이것을 증명하기 위해 무슨 일이든 해낼 것이다.

# 가정을
# 리모델링하라

가족의 감정 메뉴판을 조정하자 ◆ D+D=O (꿈+방향=의무)공식이 필요하다 ◆ 우리 가정에
필요한 유비무환 법칙 ◆ 숨은 도둑을 잡아라 ◆ 잡동사니를 돈으로 치환하라 ◆ 가족의 니즈
와 원츠를 찾아라

아내CEO
가정을 경영하라

# 가족의 감정 메뉴판을 조정하자

사람의 감정에는 단계가 있다. 〈감정연습〉이라는 책을 보면 "기분이 더 좋을수록 더 좋은 것을 끌어당긴다"는 끌어당김의 법칙을 강조하고 있다. 의도적으로 부정적인 감정을 끌어올려서 기분 좋게 느껴지는 생각을 선택하고 그 선택의 결과로 삶의 환경이 바뀌게 되는 것이다.

자신의 저항을 내려놓으면 저항으로부터 해방되어 마음이 편해진다. 그렇게 더 나은 기분을 갖게 된다. 이 모든 연습은 결국 의식적으로 노력해야 하는 것이다. 날마다 좋은 감정만 가지고 살면 얼마나 좋겠느냐마는 사람이 살다 보면 별일을 다 만나고 그때마다 수시로 올라오는 감정은 제각각일 때가 많다.

가정에서만 봐도 부부 사이, 자녀 사이, 시댁 사이, 친정 사이에 오고 가는 감정들이 수없이 많다. 여기서 나오는 감정 때문에 웃기도 했다가 울기도 했다가 싸우기도 한다. 아무 생각 없이 올라오는 감정만을 가지고 관계를 유지한다면 아마도 다들 외톨이로 지내야 할 것이다. 생각 깔때기로 생각을 통과시키고, 생각 거름망으로 한 번 더 거르며 감정을 곱게 다스려서 관계를 잘 만들어야 자신도 기쁘고 가족도 행복해진다.

일반적으로 가장 쉽게 읽을 수 있는 감정이 짜증이다. 짜증에는 반드시 답이 있다. 뭔가 못마땅하기 때문이다. 이 못마땅한 것이 무엇인지 찾아보면 답을 찾을 수 있다. 이렇게 가족들의 불편한 감정이 드러날 때 서로 감정의 답을 찾는 것을 습관화한다면 항상 더 좋은 것을 끌어당길 수 있는 행복한 분위기가 만들어질 것이다.

"엄마, 우리도 강아지 키워요!"

세 아이가 이구동성으로 나를 조른 지 벌써 몇 년째다.

"안 돼. 밖에서 살라고 태어난 동물을 왜 사람이 사는 집에서 키우니?"

그러나 아이들은 포기하지 않고 몇 년째 나를 설득했다. 지치지도 않는다. 아이들은 친구들이 키우는 강아지 종류, 특징을 몽땅 파악해서 엄마가 안 된다고 하는 정보가 틀렸다는 것을 증명하기 위해 철저히 조사했다.

그러던 중 딸 아이가 중1 때 첫 생리를 경험했다. 딸 가진 부모들이 딸의 첫 생리를 축하하기 위해서 가장 인상 깊은 선물을 사주며 첫 생리를 기념해주는 것을 보고 나도 마음의 준비를 하고 있던 터였다.

"우리 딸, 첫 생리 기념으로 무슨 선물을 사줄까?"

"엄마, 강아지가 우리 집에 오면 절대 첫 생리 날짜를 잊지 않을 것 같아요."

꼼짝없이 피할 수 없는 상황이 벌어지고 말았다. 아이들의 간절함에 허락하지 않을 수 없었다. 문제는 남편이었다. 남편은 동물을 좋아하지 않는다. 워낙 깔끔한 성격이어서 똥오줌을 가리지 못하면 "당장 버려!"라고 할 성격이었다. 예상했던 대로 남편의 허락이 만만치가 않았다.

어차피 아이들에게 허락한 이상 남편은 내가 설득해야 했

다. 아이들에게 털이 빠지지 않는 강아지 종류는 무엇인지, 돈
은 얼마나 준비해야 하는지 알아보라고 지시했다.

"푸들이 털이 빠지지 않아요!"

"아빠가 큰 강아지는 싫어하시니까 미니 푸들이 좋겠어요."

"제가 요 앞 동물병원에서 알아보니까 2개월 된 정말 예쁜
강아지가 있는데 50만 원이래요."

남편이 알면 기절초풍할 노릇이다. 사실대로 말하면 짜증
보다 더 심한 화를 낼 것이 분명했다. 남편의 완강한 반대를
무릅써야 할 때에는 짜증을 감수해야 한다. 이유 없이 짜증을
내지 않기 때문이다. 나는 아이들과 긴급 작전을 짰다.

"너무 비싸니까 외할아버지, 외할머니께 도움을 청해 봐."

이렇게 모은 돈이 25만 원. 아이들은 원하는 바를 이루기
위해 스스로 비용의 절반을 모은 것이다.

"여보, 아이들이 이렇게 돈을 모았네요."

남편의 완강한 반대도 온 가족이 똘똘 뭉쳐 있는 모습에는
더 이상 버틸 수 없었다. 세 아이들의 간절함 때문에 동물병
원에서도 10만 원을 깎아 주셨다. 결국 그렇게 아이들의 오랜
소원이 이루어졌다.

남편은 못마땅한 기색이 역력했다. 강아지가 남편 곁에 가
면 발로 툭 차버렸다. 아이들은 아빠 눈치를 봐야 했다. 그래

도 마냥 좋아했다. 한동안 나와 아이들은 아빠의 짜증을 살피며 각자 일에 충실하면서 평화로운 분위기를 지키기 위해 노력했다.

4대 1에 밀린 남편은 결국 화를 풀었다. 강아지 이름은 우리 집의 평화를 지켜달라는 의미로 '에스더'라고 지었다. 지금은 남편도 에스더를 사랑하고 예뻐한다. 아침에 눈을 뜨면 "에스더 어디 있나?" 하며 에스더를 찾고, 에스더는 얼른 남편에게 가서 얼굴을 핥는다.

가정 구성원들 간에 감정 충돌이 있다면 각자의 감정을 건드리지 않고 수그러질 수 있도록 잘 살피고 이해하면 된다. 어떠한 감정이 우리 집에 일어난다고 해도 저항을 내려놓으면 마음이 편해질 수 있다. 그리고 더 나은 기분을 선택할 수 있었다. 그 결과 환경이 바뀌는 것을 알 수 있다.

집안의 분위기나 환경도 있는 그대로 받아들이자. 인정하고 나면 이해하기 쉬워진다. 우리 집의 감정 메뉴판이 짜증인가? 화인가? 실망인가? 걱정인가? 좌절인가? 요리하는 방법을 잘 찾아보자. 결국 있는 그대로 받아들이고 인정하는 사랑과 감사의 재료만 있으면 된다.

# D+D=O (꿈+방향=의무) 공식이 필요하다

부부는 반쪽과 반쪽이다. 반쪽만 건강하다고 해서 건강한 것도 아니고 반쪽만 아름답다고 해서 아름다운 것도 아니다. 부족한 반쪽과 반쪽이 만나서 온전해지도록 만들어진 것이 부부인 것이다. 서로의 약점을 보완해주면서 말이다.

Dream(꿈)을 가진 사람은 방향성이 분명하다. 사랑은 두 사람이 마주하는 것이 아니라 함께 같은 방향을 바라보는 것이다.

Direction(방향)은 자신이 올바르다고 생각하는 곳을 가리키는 것이다. 부부는 같은 꿈을 꾸고 같은 방향을 바라보면서 힘을 합쳐 인생의 요트를 타고 황혼에 이르기까지 인생이라는 거친 물결을 타고 항해하는 동행자다.

Obligation(의무)은 어떤 일에 책임을 지도록 매여있는 것을 말한다. 부부에게 주어진 의무는 꿈과 방향성을 잃지 않도록 묶어주는 밧줄이다. 부부에게 주어진 책임과 의무를 다할 때 당당히 권리도 주장할 수 있다. 권리만 주장하고 책임과 의무를 소홀히 한다면 포상을 기대할 수 없다. 남편은 아내가 기대하는 것이 무엇인지 찾고, 아내는 남편이 무엇을 기대하는지 찾는다면 의무를 충실히 감당할 수 있다.

결혼은 작품이지만 황혼은 예술작품이다. 예술은 측량할 수 없는 세계다. 진짜 중요한 것은 작품과 더불어 우리의 삶을 꾸려 나가는 과정이다. 이 과정을 지나가는 동안 풍랑이 배를 때릴 때도 D+D=O 공식만 붙들고 나간다면 흰 머리와 주름진 이마위에 환한 미소라는 포상이 따라올 것이다.

육체만 건강한 것은 반쪽 건강이다. 영혼과 육체가 고루 건강한 사람이 진짜 건강한 사람이다. 마찬가지로 부부가 건강

해야 진짜 건강한 가정이다. 건강한 가정 속에서 피어난 자녀
는 또 다른 건강한 가정을 이룰 수 있는 포상이 되는 것이다.

"오늘도 차가 밀려서 왕복 5시간을 길에 버렸네."

사업 초기에 남편은 하루에 5시간씩 걸려 출퇴근을 했다.
회사를 이끌어가느라 온 힘을 쏟아야 하는 남편을 어떻게 도
와야 하는지 고민하지 않을 수 없었다. 마침 아는 지인이 자
기 건물에서 사업하는 것을 보았다. 회사를 월세로 운영하는
남편에게 좀 더 편안하게 자기 건물을 가지고 일을 한다면 좋
겠다는 생각이 들었다.


밤낮으로 열심히 일하는 남편은 가정의 경제안정과 돈을
많이 벌어 집안과 회사 직원들의 가정을 세우려는 방향성을
가지고 있었다. 나 또한 이런 남편의 꿈과 방향을 공유하며
힘을 보탰다.

"여보, 월세가 300만 원 정도 나가는데 너무 아까워요. 건
물을 사면 어때요?"

1년이면 3천 600만 원, 5년이면 2억 원이 넘는다. 이 돈이
면 은행에 대출받아서 건물을 사면 시세는 시세대로 오르고,
부가가치를 훨씬 높일 수 있었다.

"건물이 아무리 작아도 10억 원 이상은 줘야 할 텐데…."

평소에 워낙 빚지는 것을 싫어하는 남편이라 구체적인 계획을 세우지 않으면 설득할 수 없었다. 나는 거래하던 부동산을 통해 10억 원가량의 건물을 보러 다녔다.

마침 급매로 나온 5층 상가건물이 있다고 연락이 와서 가봤더니 한눈에 쏙 들어왔다. 며칠 동안 몰래 이 건물을 관찰했고, 확신이 들어 은행에 건물을 담보하면 대출이 얼마나 나오는지 알아보기 시작했다.

1금융권은 이자가 싼 대신 대출금액이 적었고, 2금융권은 대출금은 많이 나오는데 이자가 비쌌다. 그렇다면 이자도 싸고 대출금도 최대한 많이 나오도록 계획을 세우고 1금융권 지점 몇 군데를 찾아다녔다. 간절할수록 답이 보인다 했던가! 발품을 팔아 조사한 결과 희망이 보였다.

결국 월세보다는 더 적은 5.8% 고정금리 대출이자로 3년 만기 5억 5천만 원 대출을 신청하고 월 100만 원으로 10년 적금을 넣었다. 남편과 같은 꿈을 꾸며 미래를 바라보는 방향성을 가지고 시작한 엄청난 도전이었다.

그렇게 2007년 4월 18일에 계약을 하고 2007년 6월 19일에 잔금을 치르면서 6월 21일부터 리모델링 공사를 시작했다. 장마가 시작되면 공사에 차질이 있을까 봐 철저한 공사계획을 수립하고 늦은 시간까지 작업한 결과 7월 11일에 공사가 끝났다.

건물은 회사 상호이름을 넣어 지었다. 집은 사옥 4층으로 이사를 해 남편 출퇴근 시간은 이제 고작 2분 남짓이 되었다.

그렇게 기쁨에 들떠 있을 때, 우리 가정에 다른 걱정이 생겼다. "인생 만사 호사다마(好事多魔)"라고, 넷째 아이 임신 소식을 들은 것이다. 우리 부부는 말문이 막혔다.

"마흔에 늦둥이라니!"

셋째 딸 아이 때보다 형편이 훨씬 더 좋아졌는데도 남편의 반대는 더욱 완강했다. 이 일로 우리 부부는 싸움을 했고 남편은 그래도 용납하지 않았다. 갑작스럽게 힘든 일이 생긴 것이다. 남편을 이해할 수는 있었지만 생명을 소홀히 하기에는 우리가 가진 모든 것이 무용지물처럼 느껴졌다.

나는 결국 남편의 반대를 무릅쓰고 넷째를 낳겠다고 결심했다. 이런 내가 못마땅한 남편은 매사에 성질을 부리거나 짜증을 냈다.

임신 6개월째 접어들었을 때 산부인과에 검진을 받으러 갔다.

"태아가 심장이 안 뛰어요."

처음에는 무슨 소리인지 몰랐다. 눈만 멀뚱거리는 내게 의사가 다시 말했다.

"보호자가 오셔야 해요. 지금 수술하지 않으면 산모가 위험

할 수 있어요."

하늘이 무너지는 것 같았다. 오죽 스트레스를 받았으면 그 럴까 싶은 억울함에 나는 남편에게 이혼을 선포했다. 그때 남 편은 나를 부둥켜안고 함께 울었다. 돌아보면 그때가 우리 가 정에 닥친 가장 큰 위기가 아니었나 생각한다.

이 일로 서로를 위로하며 큰 상처를 씻어 낼 수 있도록 남 편이 많은 노력을 했다. 2년 후 신종플루로 인해 남편 회사의 손소독제가 날개돋친 듯 팔리면서 2009년 10월 26일에 우 리는 빚을 다 상환할 수 있었다.

그 뒤로 우리 부부는 나쁜 일이 있더라도 성급하게 성질을 부리거나 짜증을 내는 경솔한 행동을 하지 않는다. 이런 인생 물결을 타고 툭툭 털어내면서 살아낸 황혼은 그야말로 예술 작품이 아니겠는가. 우리 부부는 이런 예술작품을 후손에게 남기기 위해 오늘도 D+D=O 공식을 지키고 있다.

# 우리 가정에 필요한
## 유비무환 법칙

유비무환(有備無患), 준비가 있으면 근심이 없다는 뜻으로 미리 준비가 되어 있으면 우환을 당하지 아니하므로 뒷걱정이 없다는 말이다. 이번에는 평소에 철저히 준비해 훗날 태평을 이룰 수 있는 지혜로운 방법을 소개하려고 한다.

기업 CEO들은 대부분 폭넓은 시야와 깊이 있는 식견을 갖추고 있다. 그럼에도 불구하고 충분한 대비 없이 일을 벌이면 하루아침에 화를 당하기도 한다. 끊임없이 자기를 방어하지 않으면 누구도 호의를 베풀어주지 않는 냉혹한 것이 현실이다.

이런 시대에 가정은 어떻게 해야겠는가? 유비무환의 법칙을 고수하는 것이다. 이것이야말로 개인을 지키는 방법인 동시에 가정을 지킬 수 있는 지혜이다. 지금 당장 쓸 것이 있으면 안심하고 임기응변에 의지해 겨우 위기를 모면하며 사는 경우가 많다. 이런 습관은 반드시 고쳐야 한다. 시간이 지나면서 자신도, 주위에 있는 사람도 함께 힘들어지기 때문이다.

"거미도 줄을 쳐야 벌레를 잡는다"라는 속담이 있다. 무슨 일이든 준비가 있어야 결과가 있다는 뜻이다. 처음부터 거창하게 준비하거나 대비하라는 것이 아니다. 내 형편에 맞는 범위 내에서 없을 때를 대비하는 것이다.


미리미리 준비하는 습관은 어디에서나 인정을 받는다. 학교에서든 직장에서든 기업에서든 말이다. 요즘에는 보험회사에서 이런 방식으로 미래를 준비해야 한다고 주장한다. 좀 더 냉철하게 있을 때 없을 때를 생각하고, 건강할 때 건강하지 못할 때를 생각하고, 젊을 때 늙을 때를 생각해본다면 인생의 우여곡절(迂餘曲折)을 현저히 줄일 수 있다.

"급매로 아주 좋은 집 싸게 나왔는데 혹시 생각 있어요?"

우리 건물을 사준 부동산에서 전화가 왔다. 마침 예전에 들어두었던 아이들 교육보험이 10년 만기가 된 시점이었다. 나는 늘 부동산 정보에 관심이 있었고 부동산 제테크로 돈을 불린 지인 덕분에 좋은 물건이 싸게 나오면 일단 움직이고 봤다.

양가 부모님이 가난했기 때문에 나중에는 우리 부부가 부양해야 한다는 것이 늘 마음 한구석에 부담으로 자리 잡고 있었다. 더욱이 나는 맏딸이니 늘 신경이 쓰였다. 그렇다고 남편 주머니에서 나온 돈으로 친정을 돕는 것은 내 양심이 허락하지 않았다. 처자식 먹여 살리느라 자신의 삶을 뒤로한 남편에게 또 다른 무거운 짐을 지울 수는 없었다.

내가 할 수 있는 방법은 부모님 노후 제테크였다. 우리 윗세대는 고생하면서 자식농사 하느라 노후를 준비하지 않았다. 우리 부모님도 마찬가지였다. 그러나 미리미리 준비해야 직성이 풀리는 나는 유비무환의 법칙에 따라 부모님의 노후도, 우리 부부의 노후도 준비해야 한다는 생각을 오랫동안 가지고 있었다.

1인 1가구 이상이면 세금 문제가 있어 남편에게 허락을 받고 아버지 명의로 18평 작은 빌라를 매수했다. 그리고 2009년 3월 30일에 부모님을 이곳으로 모셨다. 시어머니께서 혹시 서운하실까 봐 미리 말씀드렸다. 워낙 시댁 일에 발 벗고 나서서 처리한 일이 많다 보니 어머니께서도 흔쾌히 받아들여 주었다. 친정 식구들과 시댁 식구들은 남편과 나에게 똑같은 위치였다.

요즘 친정과 시댁 간의 차이에서 부부싸움이 많이 일어난다고 한다. 부부가 하나라면 부모님도 하나인 것이다. 두루두루 시댁과 친정을 오고 가며 챙겨야 할 일들이 많다 보니 저절로 '나중에 자식들에게는 부담을 주어서는 안 되겠구나' 하는 생각에 우리 부부의 노후 적금도 마련하게 되었다.


이런 환경을 잘 이끌어 나가기 위해서는 또 다른 전략이 필요했다. 세 아이에게 유비무환을 가르치는 것이었다.

막내딸은 양고기 집에서 아르바이트를 한다. 학생의 본분은 공부지만 딸은 공부보다는 미술에 관심이 많아서 일주일에 세 번 학원에 다녔다. 그리고 남는 시간에 아르바이트를 시작해 자기 교통비와 용돈을 벌어서 쓴다. 이모에게 옷이랑 신발도 잘 얻어 입는다.

스스로 직접 경험하고 나면 삶의 태도가 바뀌기 때문에 나는 자식이라는 인정에 끌려 내 기준대로 끌고 가지 않으려고 노력한다. 부모의 물질적 책임은 학생 때까지만이라고 생각한다. 그래서 우리 아이들은 미리 시간계획도 짜고 재정원칙도 스스로 정한다.

"엄마, 부엌에서 설거지하고 밥하는 거 힘드시죠? 알바해보니 알겠어요."

손님이 오기 전에 테이블을 치우고 컵을 닦아 놓아야 다음 손님을 받을 수 있는 것처럼 딸은 매사 미리 준비하는 것을 몸으로 직접 배우고 있었다. 유비무환을 실천하려면 목적이 있어야 하고 미리 준비하는 과정에서 때로는 어려움을 감수해야 한다.


허리띠를 졸라매는 과정은 인색해 보일 수도 있지만 언제 들이닥칠지 모르는 비바람에 대비할 수 있다. 얼마나 든든한가! 지금 두 아들이 미국에서 공부할 수 있는 것도 바로 이 유비무환의 법칙을 고수하였기 때문에 가능한 일이다.

농사꾼은 아무리 배가 고파도 봄에 뿌릴 씨앗은 절대 먹지 않는다. 임기응변으로 그때그때 처한 형편에 맞춰 눈가림하는 일시적인 방편과 대책은 근본적인 해결책이 아니다. 임시변통으로 사는 삶은 발전이 없다. 어려운 환경 탓, 사람 탓을 많이 하는 사람들의 특징 중 하나가 바로 임시변통하는 습관을 지니고 있다.

봄에 뿌릴 씨앗을 먹어 버리고 일시적인 배고픔을 면하는 것은 근본적인 해결책이 아니다. 근본적인 해결책은 바로 있을 때 없을 때를 대비하여 철두철미하게 가정의 재정을 든든히 세우는 일이다. 아내 CEO라면 통찰력을 가지고 현명한 선택을 하도록 노력해야 한다.

부모님의 노후 대책으로 매수했던 빌라는 2014년 10월 3일에 매도해 100%의 이익을 남기고 훌륭한 포상금으로 돌아왔다. 현재 부모님은 우리와 함께 살면서 노후를 보장받고 계신다. 얼마 전에는 선산에 두 분의 가묘까지 만들어 놓으셨다. 우리 부부로서는 또 하나의 무거운 걱정을 미리 대비한 것이다.

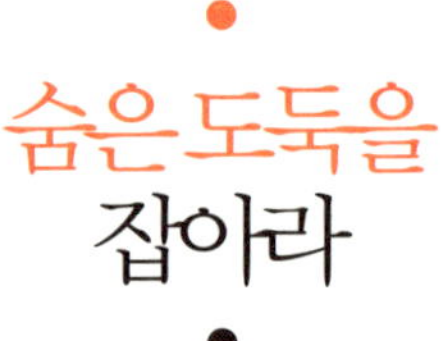

# 숨은 도둑을 잡아라

섣부른 인정은 남을 병들게 한다. 때로는 단호히 거절해서 사람을 살려야 할 때가 있다. 바로 빚이다. 빚 때문에 많은 사람들이 인생의 문턱에서 넘어지다 못해 포기하는 것을 많이 보았다. "돈 잃고 사람도 잃는다"라는 말은 동서고금을 막론하고 모든 사람에게 통용되는 말이다.

인정 때문에 보증을 섰다가 화를 당한 사람들의 사연은 어제오늘 이야기가 아니다. 처음부터 망할 것을 알고 시작하는 사람은 없다. 다 부푼 기대를 안고 고군분투하며 나름대로 최선을 다하지만 세상은 호락호락하지 않다. 도사리고 있는 변수가 너무나 많다. 그러니 시작해놓고 어려움이 닥치면 제일 먼저 빚을 얻게 된다.

빚 때문에 위기에 처했을 때 여유가 있어서 선뜻 돈을 빌려주는 사람은 극히 드물다. 요즘은 은행권에 담보를 제공해서 이자를 주며 빌려 쓰는 경우도 많이 있다. 자칫 이자가 연체되면 강제 경매로 이어진다. 이렇게 나온 경매가 하루에도 수백 건이 넘는다고 한다.


빚. 어디까지 손을 대야 할까? 제일 좋은 방법은 빚을 쓰지 않고 내 형편에서 해결할 수 있는 방법을 찾는 것이다. 처음부터 작게 시작하면 어떤가. 차츰 키워나가면 된다. 돈으로 살 수 없는 노하우를 얻게 될 것이다.

라면 먹을 형편이라면 라면 먹으면서 시작하는 것이 좋다. 라면 먹을 형편에 스테이크를 먹는다는 것은 욕심이다. 결국 욕심 때문에 넘어질 수 있다. 욕심으로 돈을 빌리기 위해 부모에게 의지하면 부모와 사이가 멀어지고, 친구에게 의지하면 친구 사이가 멀어진다.

돈보다 사람이 더 귀하고 소중하다. 돈 문제로 사람을 잃는다면 그보다 어리석은 일은 없다. 그러니 자신의 분수를 알고 자신의 역량 안에서 해결할 수 있도록 해야 한다. 차를 살 형편이 되지 않는 사람은 걸어다녀라. 운동할 시간이 없는 바쁜 현실 속에서 일거양득이다.

2007년, 12박 13일 코스로 터키와 그리스로 성지순례 여행을 갔을 때의 일이다. 여행은 언제나 마음이 설렌다. 하지만 짐을 꾸리는 일은 생각보다 쉽지 않다. 사진밖에 남는 것이 없다며 옷차림에 신경을 쓰다 보면 옷만 캐리어에 한가득 차고도 넘친다. 여행에도 간단한 전략이 필요하다. 바지 두 벌에 상의 5~6장 정도면 충분히 새로운 분위기를 낼 수 있다. 여행의 즐거움은 그 나라의 문화와 음식을 접해보고 새로운 감동을 느끼는 것이다. 여기에 필요한 사진기, 메모지, 펜, 소화제, 비타민C 등 그 외 필요한 물건을 챙기는 데 초점을 맞춘다.

여행은 그동안 열심히 수고한 우리 부부에 대한 휴식이자 선물이었다. 여행에서 가이드의 현지 설명과 친절함은 매우 중요하다. 우리가 만난 가이드는 최고였다. 많은 질문에도 피곤한 기색 없이 친절하게 답을 해주었다.

"왜 집을 짓다가 멈추어 있는 것들이 많나요?"

"잘 보셨네요. 이 나라는 집을 짓다가 돈이 없으면 돈이 모일 때까지 기다려요."

"우리나라는 두세 달이면 뚝딱 집이 다 지어지던데."

"한국은 빚의 나라잖아요. 대부분 빚을 내서 집을 마련하고 빚을 다 갚으면 또다시 넓고 큰집으로 빚을 내서 이사하잖아요. 그러다 보니 늘 여유 없이 빚에 얽매여서 살아가는 사람들이 참 불쌍해요."

가이드와 대화를 나누는 과정에서 한국의 현실을 확실히 짚고 있다는 생각이 들면서 마음이 씁쓸해졌다. 왜 우리나라 사람들은 여유가 없을까? 목표를 위해 현재를 저당 잡히기 때문이다. 이런 근성 때문에 대한민국은 급속도로 성장할 수 있었지만, 정서는 피폐해지고 있다.

집 때문에 빚을 내고, 빚을 갚기 위해 허리띠를 졸라매고 젊은 시절을 돈에 매여서 살아가고 있는 현실, 좀 더 지혜롭게 대처할 수는 없는 걸까? 방법은 있다. 자기의 형편에 맞게 저축으로 돈을 모으는 것이다. 그리고 돈이 모이면 형편에 맞는 집을 장만하는 것이다.

집의 크기는 과시가 아니다. 우리 가족이 행복한 웃음꽃을 피울 수 있는 공간이면 되는 것이다. 아무리 크고 좋은 집에서 살아도 웃음이 없다면 이 집은 무용지물이다.

피치 못할 상황에서 빚을 지는 사람도 있지만 많은 경우 허례허식과 과시, 욕심 때문에 빚을 지게 된다. 이런 이들에게 인정에 이끌려서 보증을 서주고 돈을 빌려주는 것은 반드시 피해야 한다. 섣부른 인정 때문에 서로가 힘든 상황이 도래하지 않도록 말이다.

하지만 정말 먹을 것이 없어서 굶는 상황일 때는 반드시 빌려줘야 한다. 아니면 그냥 주어야 한다. 나 역시 섣부른 인정으로 돈을 빌려주고 받은 상처가 있기에 단호하게 말할 수 있다.

빚을 갚을 대책도 없는 사람은 절대로 빚을 내서는 안 된다. 우리 가정에 숨어있는 도둑은 바로 빚이다. 이 도둑이 들어오지 못하도록 철저한 방비책을 찾아라. 그래서 모든 위기로부터 우리 가정을 지켜야 한다. 이것이 아내 CEO가 가져야 할 단호한 자세다.

# 잡동사니를 돈으로 치환하라

천 원짜리를 쓰레기통에 버리는 사람은 없다. 만 원짜리는 더더욱 없다. 하지만 우리가 모르는 사이에 천 원짜리, 만 원짜리가 쓰레기통에 버려지고 있는 것을 알고 있는가?

우리 집 안에 있는 잡동사니 물건들이 다 돈이다. 쉽게 버려지는 종이 한 장도 하물며 돈이다. 장롱 속에 꽉 차 있는 옷들을 보라. 일 년 동안 한 번도 입지 않은 채 쌓여있는 옷도 돈이다. 싱크대 속 수납장에 꼭꼭 숨어있는 그릇들, 먹지 않은 음식 모두 돈이다. 버리기는 아깝고, 남 주자니 필요를 알수 없어서 방치한 잡동사니들은 이렇게 돈만 먹는 애물단지가 된다. 물건이 많아지면 수납공간을 늘려야 한다. 쓰지도 않으면서 정리는 해야 하기 때문이다. 어느새 집 안은 좁아지고 시간이 흐르면 무엇이 어디에 있는지 잊혀지고 만다.

잡동사니를 돈으로 바꾸려면 충동구매를 없애야 한다. 우리 가정에 없어서는 안 될 물건만 있으면 되는 것이다. 그리고 필요한 물건이나 옷은 용도에 맞게 확실히 비용을 지불하고 구입하는 것이 오래간다. 싸서 산 것, 사은품에 현혹되어 나중에 필요할 것이라고 생각하고 덜컥 산 물건은 결국에 사용하지 않고 구석에 자리 잡는 경우가 많으니 이 또한 돈을 버리는 일이다. 우리 가정에 꼭 필요한 물건을 구입하기 위해서 돈을 모으고, 내가 원하는 물건을 신중하게 따져 구입한다면 얼마나 많은 돈을 모을지 생각해보라.

충동구매로 사들인 잡동사니 물건과 옷을 가족여행이나 자기계발 하는 데 썼다고 가정해보자. 정신이 번쩍 들지 않는가!

가난을 극복하고 여유가 생기면 그동안 갖고 싶었던 것들에 대한 눌려있던 욕구가 마구마구 올라온다. 봄맞이 대청소

를 하다 보면 어느새 쌓여 있는 잡동사니 물건과 옷들이 한가
득이다.  왜 생겼는지도 모르는 쓸 데 없는 것들이 늘어나 정
리도 되지 않고 집안은 엉망이 되어 버리기 일쑤다.

나는 물건들을 정리하기 위해 일단 필요하지 않는 것들을
한곳에 모아놓는다. 버려야 할 것, 재활용에 써야 할 것, 필요
한 사람에게 나눠주어야 할 것으로 분류한다. 생각보다 버려
야 할 물건들이 많이 쌓여 있는 것을 보면서 늘 생각한다.

"욕심이야, 욕심!"

너무나 마음이 허전하고 속상하다. 사람이 살면서 필요한
것이 과연 얼마나 많을까? 다 과시욕에서 나온 부산물들이
잡동사니가 된 것이다.

남편에 관한 물건에서는 버릴 것도 없고 정리하기도 간단
하다는 것을 한눈에 느낄 수 있다. 큰아들 방을 정리할 때는
더 깜짝 놀란다. 손댈 필요없이 정리정돈이 너무 잘 되어 있
다. 옷장에 옷은 가지런히 놓여 있고, 책과 학용품도 용도에
따라 말끔히  정렬해 놓았다. 청바지 몇 장은 아주 비싼 바지
였지만 신중하게 고르고 골라 산 바지다. 그리고 한번 사면
맞지 않을 때까지 오래 입는다. 입고 벗을 때는 탈취제를 뿌
려 바지 집게에 꽂아 놓는다.

멋지게 옷을 입는 형의 스타일을 부러워하는  둘째는 가끔

형과 거래를 한다.

"형, 이 바지 나한테 5만 원에 팔아."

"좋아!"

거래가 성사되면 둘째 아들은 신이 나서 나에게 자랑한다.

"엄마, 형이 이 옷 나한테 5만 원에 팔았다. 어때? 나한테 잘 어울리지?"

처음에는 납득이 되지 않았다. 형제간에 정 없이 물건을 사고팔다니! 어쩜 둘이 저렇게 똑같나 싶어서였다.

그런데 어느 순간 이런 식으로 거래를 하며 옷을 주고받는 것을 보면서 '지혜롭구나' 하는 생각이 들었다. 자기가 가지고 있는 용돈 범위 내에서 서로 상부상조하는 것이었다. 그래서 아들들 방에는 정리해야 할 필요 없는 물건이 없었다.

옷이 작아지거나 싫증이 나면 명품 구제 사이트에 옷을 올려 팔았다. 때로는 구제 사이트를 통해 옷을 사기도 했다. 대가를 톡톡히 지불한 브랜드 옷은 쉽게 버리지도 않지만 가치를 사고 팔 수 있다는 장점도 있었다.

두 아들을 관찰하고 나서 뿌듯함을 느끼는 동시에 나에게도 적용해야겠다고 굳은 결심을 했다. 정리정돈이 잘 되어 있으면 기분이 상당히 좋다. 내가 찾는 물건과 옷이 어디에 있는지 바로 찾을 때 더 좋다.

옷도 필요한 용도에 맞게, 그릇도 필요한 용도에 맞게 신중하게 고르는 것을 이때부터 생활화하였다. 잡동사니를 돈으로 바꾸는 습관도 잊지 않았다. 결국 잡동사니들이 흘러나가는 돈이란 것을 알았기 때문이다.

그 후 잡동사니를 버릴 때 욕심에서 나온 허무와 허탈감은 두루두루 나눔 법칙으로 적용했다. 어려운 이웃에게 제일 유용한 것은 돈이다. 욕심으로 잡동사니를 늘리는 가능성을 아예 차단하기 위해 가계부에서 철저히 나눔 품목을 정하여 얼마를 떼어 놓는다.

이제는 욕심에서 나온 허무와 허탈이 감사와 기쁨으로 바뀌었다. 적재적소에 필요한 물건이 잘 배치되어 있고 정리정돈이 가지런히 되어있는 수납장을 보면 마음이 후련하다. 이것이 우리 집 대청소의 매력이다.

충동구매는 잡동사니를 만드는 장본인이란 것을 확실히 깨닫고 필요한 구매계획을 세우고 조사한 후 좋은 제품을 충분한 대가를 지불해 소비하는 습관을 권장한다. 또 다른 만족이자 기쁨이다.

# 가족의 니즈와 원츠를 찾아라

고객이 원하는 것을 파악하고 충족시켜주는 것이 영업의 본질이다. 고객이 무엇을 원하는지, 무엇이 필요한지 정확하게 파악하면 굳이 팔려고 하지 않아도 고객이 알아서 산다. 고객의 말에 경청하게 되면 고객의 니즈는 자연스럽게 나온다. 이런 고객에게 필요한 정보와 설명만 해주면 고객은 만족해한다. 고객 접대는 이것으로 충분하다. 이것이 고객 맞춤서비스다.

가정에서 구성원도 마찬가지다. 가정의 본질은 가족구성원이 무엇을 원하는지 파악하고 서로 충족시켜주는 것이다. 그러면 각자 알아서 자기가 맡은 일을 잘할 수 있다. 가정이 행복할 수 있는 본질이기도 하다. 본인의 주장만을 가지고 주관적인 니즈에 초점을 맞춘다면 원만한 관계를 유지할 수 없다. 그런데 우리는 이런 우를 쉽게 범한다.

왜일까? 바로 비교의식 때문이다. 각자 자기다움을 인정해야 하고 상대방의 능력과 재능을 알아보아야 한다. 겸손함으로 서로에게 배울 것을 찾아 격려하고 필요를 보완해주면 된다. 하지만 굳이 실수한 것을 가지고 간섭하는 것은 아무런 도움이 되지 않는다. 우리는 이런 곳에 시간과 감정을 낭비하고 만다. 상대방을 잘 관찰하고 연구해서 원츠를 발견하고 충족시켜주면 되는데 말이다.

그렇다면 가족들의 니즈와 원츠를 쉽게 파악할 수 있는 방법은 없을까? 나는 이런 질문을 받을 때마다 "답은 '경청'에 있다."고 말한다.

가족의 말에 항상 경청하자. 경청하는 습관은 행복을 지켜주는 수호신과 같다. 경청하다 보면 니즈와 원츠를 파악할 수 있고 도와줄 수 있는 방법을 찾을 수 있다.

해마다 명절이 되면 민족대이동이 시작된다. 교통체증은 상상을 초월하지만 흩어져 있던 가족들이 한군데 모여 맛있는 음식을 함께 먹으며 도란도란 이야기꽃을 피울 수 있기 때문에 먼 거리를 마다하지 않고 달려간다.

나는 평상시 당뇨가 있으신 시어머니를 위해 번데기, 해바라기씨, 호박씨, 다시마, 멸치 등 한 꾸러미 싣고 내려간다. 시집으로가는 길은 늘 즐거웠다. 며느리가 셋이나 있는데도 항상 먹거리를 미리미리 준비하시는 시어머니의 따뜻함에 행복했다.

시어머니의 가족 사랑은 특별하고 남다르다. "필요한 것 있으세요?"라고 물으면 항상 없다고 답하며 자식에게 부담을 주지 않으신다. 아들, 딸, 며느리, 사위, 손자, 손녀의 식성을 어찌나 잘 아시는지 그 마음은 그대로 밥상에 묻어나온다. 가족들이 모인 밥상에는 반찬 가짓수가 하도 많아 상다리가 부러질 정도다. 저녁이면 잠자리를 일일이 다 봐주신다. 이른 아침이면 소리 없이 나가셔서 아침을 준비하신다.

가족에게 필요한 것이 무엇인지, 원하는 것이 무엇인지 세밀하게 잘 아시는 어머니를 가족들은 모두 좋아한다.

"어머니 생선 손질해서 냉동실에 넣어 놓을게요"

"아이고 험하다. 내가 할 테니 놔둬라."

어머니의 원츠를 알고 있는 나와 그런 나의 니즈를 알고 있는 어머니가 서로에 대한 사랑을 표현하는 방법이다. 이렇게 가족의 니즈와 원츠를 알 때 니즈와 원츠의 교감에서 최상의 맞춤서비스로 인해 행복감을 안겨준다.

어머니는 우리 집안에서 최고 어른인데도 불구하고 한 번도 당신의 주장과 주관적인 생각을 꺼내서 강요하는 법이 없었다. 각자의 의견을 다 존중해주고 격려해주신다. 명절에 잠시 머무는 동안 마음이 푸근한 이유다.

명절 마지막 날, "할머니, 안녕히 계세요"라며 인사하는 아이들에게 호주머니에서 미리 준비한 용돈을 챙겨주신다. 손자 손녀들의 필요를 챙겨주기 위함이다. 우리는 미리 준비해 간 봉투를 어머니 주머니에 살포시 밀어 넣는다. 어머니의 원츠를 알기 때문이다. 정말 행복한 순간이다. 나는 어머니로부터 배운 최상의 맞춤서비스를 우리 가정에 그대로 적용하도록 노력한다. 이것은 남편의 기업에도 마찬가지다.


가족의 기본적인 욕구를 잘 찾아서 충족시키기 위해서는 무엇보다 경청이 중요하다. 설거지를 하고 있는데 아이가 다가와 "엄마, 오늘 학교에서 무슨 일이 있었는 줄 알아요?"라고 말할 때 어떻게 하는가? 설거지를 멈추고 아이와 앉아 이야기를 들어야 한다. 설거지보다 아이의 이야기가 더 소중하기 때문이다.

자기만의 생각과 방법이 사랑의 표현이라고 말하지 말자. 상대방에게 무엇이 필요한지, 상대방이 무엇을 원하고 있는지 살피는 것이야말로 바로 사랑의 표현이다. 그러기 위해서는 가족들의 습관과 생활 패턴을 잘 살펴야 한다. 그래야 니즈와 원츠가 보인다. 이렇게 각자의 니즈와 원츠를 알고 배려할 때 독립적인 인격체로 성장할 수 있고 구성원 모두는 자기만의 독립적인 개별 브랜드가 되어 경쟁력 있는 독립체로 설 수 있다.

이런 구성원들은 가정에서 막강한 힘을 지녀 함께 성장하는 사회를 만들 줄 알고 사회적 가치에 기여할 수 있다. 곧 세상을 바꿀 수 있는 공동체가 되는 것이다.

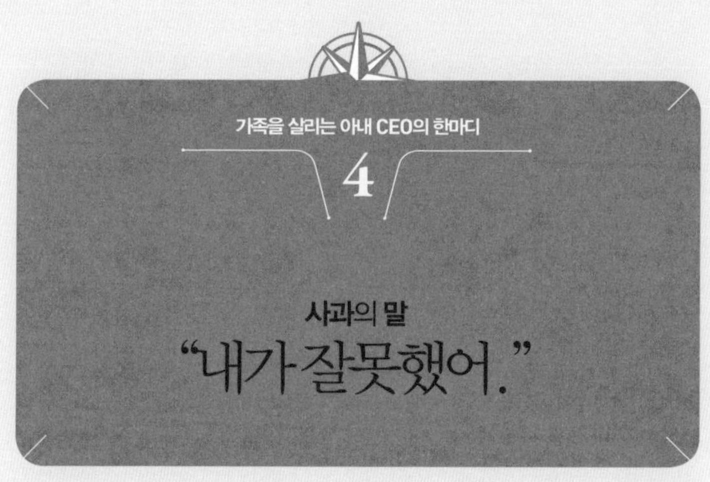


얼마 전 담양 대나무 축제에 다녀왔다. 죽녹원에 쭉쭉 뻗은 대나무 숲은 보기만 해도 시원스럽게 보였다. 대숲 1ha는 이산화탄소 1톤을 흡수하고 산소는 0.37톤 방출하여 정화작용이 뛰어나다고 한다. 지친 몸과 마음의 스트레스를 해소하고 심신안정을 하기에 안성맞춤이다.

사람은 정화작용을 하기 위한 날숨과 들숨이 있다. 날숨은 이산화탄소를 방출하고 들숨은 산소를 흡수한다. 이처럼 우리 가정에도 정화작용이 필요하다. 때때로 서로 의견이 맞지 않아 거절하기도 하고 못마땅한 것이 있어 반항하기도 한다. 급기야 싸움을 하기도 한다. 어느 집이든 예외가 없다. 서로가 서로를 알아가는 과정일 뿐이다. 자기의 맛을 내기 위해서는 이 과정이 반드시 필요하다.

서로 부딪힐 때는 거친 소리가 나오지만 곧 "내가 잘못했어"라고 화해를 하면 평화로워진다. 이 원리만 기억하고 문제 삼지 않는다면 가정에 정화작용이 일어난다. 화해와 평화는 날숨과 들숨과 같은 것이다. 이산화탄소를 흡수하고 산소를 방출하는 과정에서 탁월한 공기정화 작용이 발생하는 것처럼 자연스러운 것임을 알았으면 한다.

어느 노부부의 이야기가 생각난다. 지금까지 장수하면서 오래 행복하게 사는 비결이 무엇인지 물었더니 부부싸움 때문이라고 한다. 싸움을 통해서 서로가 서로를 이해하게 되었고 행복을 유지할 수 있었던 것이다.

가정에서 핵심은 부부다. 부부가 화목하면 가정이 평화롭다. 하지만 부부가 불행하면 가정 분위기는 살벌하기가 이루 말할 수 없다.

아이들이 어릴 때는 있는 그대로 보고 느끼기 때문에 말과 행동을 많이 삼가면서 좋은 영향만 주려고 무던히 노력을 많이 했다. 환경과 성격이 다른 사람과 살다 보면 매일 부딪힐수밖에 없다. 사소한 것으로 마음이 상하고 오해가 생겨서 그 오해는 불신을 낳고 불신은 곧 싸움으로 연결되기 십상이다.

막내딸을 낳고 매일 아이들과 씨름하면서 시동생과 같이 살 때 일이다. 남편은 회사 일로 늘 바빴고, 가사노동과 육아, 시동생과 함께 지내야 하는 환경은 고단하기 이를 데 없었다. 남편에게 도와달라는 말도 할 수 없었다. 이 일은 가정을 책임지는 CEO로서, 전업주부인 내가 감당해야 할 몫이라 여겼기 때문이다. 그러면서도 속으로는 가사일과 육아에 지쳐 하루라도 좀 푹 쉬고 싶다는 생각을 늘 했다.

그런데 어느 날 남편이 연락 없이 집에 들어오지 않았다. 으레 늦게 오려니 생각했기 때문에 기다리다가 피곤에 지쳐 잠이 들었는데 다음 날 일어나 보니 남편이 집에 오지 않았던 것이다. 한 번도 연락 없이 외박한 적은 없었던 사람이 이런 행동을 한 것이 도저히 납득이 되지 않았다.

머리 끝까지 화가 난 나는 종일 별생각이 다 들었다. 가사일도 손에 잡히지 않았다. '어떻게 싸워야 하나' 온통 이 생각밖에 없었다.

워낙 어린 시절 싸움을 자주 하는 부모님으로 인해 받은 상처 때문에 가급적 싸움은 안하려 노력했다. 이것이 내가 아이들에게 줄 수 있는 가장 큰 선물이라고 생각했기 때문이다.

마침 시동생이 일찍 퇴근했기에 처음으로 부탁을 하나 했다.

"도련님, 어젯밤 형 안 들어온 거 아시죠? 저 오늘 형하고 싸움 좀 할 거거든요. 아이들 좀 데리고 두 시간만 밖에서 놀다가 오시면 안 될까요?"

시동생은 내가 '화가 단단히 났구나' 눈치챈 듯싶었다. 시동생이 아이들과 나가고 얼마 후에 남편이 왔다. 벨소리를 듣자마자 현관문을 열고 다짜고짜 큰 소리로 버럭 화를 냈다.

"당신! 도대체 뭐 하는 사람이야?"

그동안 속에 눌러있던 찌꺼기까지 다 올라오는 느낌이었다.

"일단 진정해. 사정이 있었다니까."

"가족보다 더 중요한 사정이 뭔데?"

"친구들과 한잔하면서 이런저런 이야기를 나누다 보니 시간이 훌쩍 지나서 전화도 못 하고 지방에서 온 친구가 있어서 그냥 친구들과 잠이 들었어."

사정은 이해가 되었지만 가사일에 지친 나도 한 번쯤 쉬고 싶다는 마음에 남편에게 솔직한 심정을 털어놓았다. 남편은 그제야 이해한 듯 "미안해. 내가 잘못했어"라고 진심으로 사

과했다. 한바탕 속에 있는 앙금을 다 토하고 나니 속이 후련
했다.

대화는 나눠보지 않고 '이해해주겠지'라는 생각은 부부 사
이를 화목하게 만들지 못한다는 것을 이때야 비로소 알게 되
었다. 무슨 고민이 있는지, 힘든 것은 무엇인지 평상시에 말로
표현하는 것이 중요하다. 그래야 오해의 거리를 좁힐 수 있다.
한바탕 싸움이 끝난 뒤, 이산화탄소로 가득 찬 분위기는 신
선한 산소의 공기로 바뀌었다. 살다 보면 문제는 어느 집이나
다 있기 마련이다. 이때 이 문제를 문제로 보지 않고 해결할
방법을 찾아 빠르게 전환시킬 수 있는 지혜가 있어야 한다.

싸움을 안 하는 부부일수록 이혼할 확률이 더 높다는 결과
가 나온 적이 있다. 사회적 체면 때문에 또는 사회적 지위 때
문에 고상하게 표면적 행복은 연출할 수 있으나 속으로 곪은
상처는 치유되지 않는다. 언젠가는 어떤 계기로 눈덩이가 되
어서 걷잡을 수 없는 상황이 도래한다고 한다.
부부의 친밀한 대화가 목마른 이 시대에 대화법을 공부하
는 것도 아내 CEO의 몫이다. 요즘 서점에 나가 보면 유난히
대화법에 대한 책이 많이 나와 있다. 이것은 아무리 강조해도

지나치지 않기 때문일 것이다.

현명하게 대화하는 법을 익혀 가족을 대하자. 그중에서도 가장 많은 대화가 필요한 사이는 부부이다. 그리고 부부싸움은 될수 있는 대로 그 하루가 지기 전에 풀고 화해하고 평화를 이루는 것이 현명하다.

PART

# 5

# 아내 CEO 가정의 미래를 개척하라

일관성 있는 대화 법칙 만들기 ◆ 여행을 상비약으로 ◆ 미래 독서방을 만들자 ◆ '나눔'은 행복의 필수품 ◆ 우리 집 버킷리스트를 만들어라

아내CEO
가정을 경영하라

# 일관성 있는 대화 법칙 만들기

가정의 교육, 경제, 인간관계에는 일관성이 있어야 한다. 언제 어디서나 통하는 법칙이 있어야 한다는 것이다. 목적의식이 분명하면 일관성이 따르게 되어있다. 일관성은 우리 가정이 세상의 모진 풍파에도 흔들리지 않는 접착제와 같은 역할을 한다.

가정을 성공적으로 이끄는 아내 CEO들을 잘 살펴보면 자기만의 일관성 법칙이 있다. 마치 첫 단추부터 잘 잠그면 옷

맵시가 단정해서 누가 보아도 좋게 보이는 것처럼 말이다.

우리 가정에 일관성 법칙을 만들어보자. 거창한 것이 아니다. 가족들의 자질을 파악하고 서로 소통하면서 "이것만은 꼭 지키자"는 것이다. 가훈과 비슷하다. 가훈은 짧고 함축적인 특성을 가지고 있지만 일관성 법칙은 다양하고 구체적이다.

신문 기사에서 국민 MC 유재석 씨만의 소통법칙을 본 뒤 참고하기 위해 스크랩 해두었다. 가정에서도 이 소통법칙을 참고하면 좋겠다.

1. 칭찬에 '발'이 달렸다면 험담에는 '날개'가 달려 있습니다. 험담은 반드시 상대방에게 전달됩니다.
2. 입술의 '30초'가 마음의 '30년'이 될 수 있습니다. 말 한마디가 상대방의 인생을 바꿀 수 있습니다. 좋은 말이든 나쁜 말이든 항상 신중하게 말하세요.
3. '혀'를 다스리는 건 '나'지만 내뱉은 '말'은 나를 다스립니다. 신중하게 말하고, 한 번 말한 것은 책임을 지세요.
4. '말'을 독점하면 '적'이 많아집니다. 적게 말하고 많이 들으세요.
5. 상대방의 이야기에 귀를 기울일수록 내 편이 많아집니다.

가정에서 제일 실수를 많이 하는 것이 생각 없이 내뱉는 말이다. 가족은 워낙 허물없이 친한 관계이다 보니 더 그렇다.

가족끼리라도 말할 때는 숨기지 말고 속에 있는 것까지 말해라. 상대를 아무리 잘 알아도 마음속에 있는 생각까지는 읽을 수 없기 때문이다. 어물쩍거리다가 들어간 말, 얼버무린 말은 혼동을 일으킨다. 그래서 자분자분 진심을 다해 대화를 나누는 훈련이 필요하다.

싸움을 했거나 마음 상한 일이 있을 때 나누는 대화는 감정이 앞서기 때문에 더욱 지혜가 필요하다. 자신의 입장, 상황, 생각이 틀렸다면 빨리 인정하고 잘못을 털어놓아야 한다. 이것은 용기가 필요한 일이다. 그래서 아내 CEO는 가족끼리 쉽게 속마음을 털어놓을 수 있도록 분위기를 조성해야 한다.

대화는 절대 일방통행이 되어서는 안 된다. 가장 좋은 것은 머리가 아니라 가슴으로 나누는 대화이다. 마음과 마음을 통하며 가슴으로 나누는 대화는 정감이 느껴지고 호감이 가게 되어 있다. 그리고 신뢰를 얻을 수 있다.

그동안 가족과 솔직한 대화를 나누어 보지 못했다면 오늘 그 시간을 만들어 보기 바란다. 먹고살기 바빠서 얼굴 마주할 시간도 없다는 것은 다 핑계일 뿐이다.


개인적으로 지금까지 우리 가정에서 제일 아쉬운 것이 소통의 방법이다. 우리 가족이 주제를 가지고 조용히 앉아 주고 받는 대화를 한 것이 손가락으로 꼽을 정도다. 그런 우리 가족의 대화를 위해 내가 택한 방법은 '터놓고 이야기하기'다. 누구든 스스럼없이, 상대가 듣든 말든 일단 터놓고 말을 시작한다. 그렇게 시작된 대화는 두 시간, 세 시간씩 이어지기도 한다.

현재 내가 아내 CEO로서 추진하는 우리 집 일관성 법칙 첫번째는 소통이다. 아이들도 나와 생각이 같다. 이번 여름방학에 두 아들이 미국에서 오면 많은 대화를 나눌 것이다. 나눌 대화 리스트도 작성해놓았다. 이것은 큰아들이 요구한 것이다. 아이들은 특히 아빠와 소통하기를 간절히 바라고 있다. 한국 가장들을 보면 거의 대부분 가족들과 대화를 잘 나눌 줄 모른다. 밖에서 이미 너무 많은 말을 하기 때문에 집에 오면 "배고프다. 밥 먹자. 자자" 세 마디 말만 한다는 우스갯소리가 있을 정도다.

일대일 대화는 자주 할 수 있으나 가족 전체가 모여서 나누는 대화는 그리 쉽지 않다. 이때 필요한 것이 '일관성 법칙'을 적용하는 것이다.

효과적인 대화법은 가족구성원 개인의 비전을 위해서 구체적인 목표를 들어보고 어떻게 실천할 수 있는지 방법까지 들어보는 것이다. 이 방법은 뜬구름 잡는 이야기로 끝나지 않고 열심히 해야겠다는 마음의 각오를 새롭게 할 수 있는 장점이 있다. 서로의 꿈을 나눈다는 것은 얼마나 멋진 일인가. 참으로 아름답고 생산적인 일이다. 가족들이 합심하여 각자의 꿈을 존중하는 것만큼 중요한 가치도 없다. 서로 인생의 방향을 잡아줄 수 있는 도구가 바로 대화인 것이다.

대화법을 자꾸 배워야 한다. 그리고 우리 가정에 적용시켜서 사용해봐야 한다. 자녀의 인생을 설계할 때도 대화는 큰 역할을 한다. 아이들은 가장 가까운 어른인 부모와의 대화를 통해 자아를 발견하고, 능력을 발견할 수 있다. 그렇게 설계한 인생을 자기가 선택하고 책임지는 사람으로 자라난다.

이렇게 커뮤니케이션 훈련이 된 아이들은 사회에 진출해서도 상대를 이해하는 남다른 능력을 갖출 수 있다. 대화를 통해 상대의 진심을 읽고 이해하며 자신의 잣대로만 남을 평가하지 않는 태도를 지니게 될 것이다. 상대방의 입장에서 왜 그런 생각과 행동을 했는지 이해하게 될 것이고, 대인관계에서 오는 갈등도 원만히 해결하는 능력을 지니게 될 것이다.

대인관계의 문제는 대부분 대화로 풀 수 있다는 것을 우리는 잘 알고 있다. 솔직하게 오가는 대화 속에서 있는 그대로를 인정하고 존중하면 문제될 관계는 하나도 없다.

이렇듯 가정에서 파생되는 영향을 생각하게 된다면 아내 CEO는 반드시 가족과 대화하기 위한 캠페인을 마련해야 한다. 그리고 우리 가정만의 대화법을 만들고 일관성 있게 밀고 나가야 할 것이다.

# 여행을
# 상비약으로

어느 집이든지 위급한 상황에 대비해 상비약을 준비해놓았을 것이다. 요즘은 상비약 상자의 종류도 다양하여 가정의 특징에 따라 구비해놓을 수 있다. 아이들이 어릴수록 구급약이나 상처를 치료하는 약품이 많이 필요하다. 어른이 많은 집은 가벼운 외상이나 소화불량 등에 대처할 약품을 가지고 있다.

가족의 몸에 난 상처는 상비약으로 치료할 수 있다. 그러면 마음에 난 상처는 어떻게 치료할 수 있을까? 겉에 난 상처는 눈에 보여 대처할 수 있지만 속에 난 상처는 말하기 이전에는 잘 모르는 법이다. 이때 필요한 것이 '여행'이다. 가족과 함께 하는 여행 속에서 가족의 소중함과 친밀감을 다시 한 번 느낄 수 있다.

사회에서 받는 남편의 스트레스, 가정에서 받는 아내 CEO의 스트레스, 학업으로 인한 자녀들의 스트레스를 치료할 수 있는 치료법이 여행이다. 환경을 바꿔 좋은 공기만 들이마셔도 오감이 춤을 춘다.

형편이 어려울 때 여행은 사치라 생각했던 적이 있다. 여행은 여유 있는 사람들이나 다니는 특혜인 줄 알았다. 하지만 돌아보면 여행은 특혜가 아니라 누구나 누릴 수 있는 자유였다.

이 자유를 왜 미처 누리지 못했는지 후회가 되기도 한다. 비록 호화롭고 근사한 여행은 못 해도 가까운 거리로 돈이 많이 들지 않는 여행은 얼마든지 할 수 있다는 것을 알았기 때문이다. 그 정도 투자로 한 달에 한 번, 두 달에 한 번 정도 가족 간 대화의 장을 펼칠 수 있다면 이보다 더 근사한 일이 어디 있겠는가. 사기충전, 사랑 확인, 스트레스 감소까지 얻을 수 있으니 전혀 아깝지 않은 시간, 유익한 소비를 맛볼 것이다.

너무나 바쁘게 움직이는 일상을 떠나 심리적 정신적 여유를 마음껏 누리는 권리를 찾았으면 한다. 여행은 설렘 속에서 인생 공부를 멋지게 할 수 있도록 도와준다. 그동안 자신의 자리에서 성실히 일한 보상을 주는 방법으로 최고가 아닐까 생각한다.

많은 정보와 지식을 오감으로 느끼며 산 지식으로 전환해 삶을 더욱 풍요롭게 하는 것이 여행이다. 여행을 떠날 때면 '캐리어 하나밖에 안 되는 인생'이라는 깨달음을 얻는다. 캐리어 하나에 들어가는 필요한 것들 외에 그 나머지 것들은 욕심인 것을 아는 순간 성공지상주의에 목말라 있던 우리들은 마음에 진정한 행복을 느낄 수 있다.

이뿐인가? 예기치 못한 상황이 생기면 무엇을 먼저 챙겨야 할지 순간적으로 알 수 있다. 일의 순서와 중요도를 알게 되는 것이다. 그래서 여행 마니아들은 여행이야말로 어떤 환경 속에서도 극복할 수 있는 힘을 기를 수 있는 '살아 있는 공부' 라고 한다. 몸으로 부딪히며 배워야 한다는 뜻이다. 누구든 책장 속에만 갇혀 머리로만 아는 지식만으로는 세상을 살아갈 수 없다.

아내 CEO라면 우리 가족만의 멋진 휴식을 위한 이벤트를 계획하고, 미래를 설계하는 여행 계획도 세울 수 있는 멋진 리더가 되었으면 한다.

아이들이 유치원에 다닐 때부터는 각자 배낭을 메고 가까운 남한산성 계곡으로 현장학습을 다니곤 했다. 배낭 속에는 각자 먹을 김밥, 과일, 물, 자기가 좋아하는 과자가 들어 있었다. 내가 잊지 않고 꼭 챙기는 것은 36색 크레파스와 스케치북이었다. 나무, 바위, 물은 아이들에게 흥미롭고 재미있는 놀이도구였다.

"엄마, 이것 보세요. 바위 밑에 숨어 있는 걸 제가 찾았어요!"

당시에는 남한산성 계곡에도 가재가 있었다. 가끔씩 알을 많이 품고 있는 가재를 찾았을 때는 아이들의 호기심이 몇 배로 증가했다.

"엄마, 가재 꼬리에 동그랗게 붙어 있는 건 뭐예요?"

"알이란다. 나중에 새끼가 되는 거지."

"와 신기하다. 이렇게 새끼가 많아요?"

간혹 물속을 자세히 들여다보면 눈에 보일 듯 말 듯 가재 새끼가 돌아다녔다. 아이들은 어느새 모래와 바윗돌로 가재 집을 만들어 가재를 가두어 놓고 한참을 키득거리며 시간 가는 줄 모르고 관찰하며 잘 놀았다.

세 아이를 데리고 다니면 자기들끼리 잘 논다. 이때 아이들이 신나게 노는 것을 지켜보면서 우리 부부는 책을 읽는다. 세상에서 가장 행복한 휴식시간이다.

아이들은 이내 돌을 쌓기도 하고 모래로 동굴을 파기도 하고 하면서 자유롭게 놀잇거리를 만든다. 어느 정도 놀았다 싶으면 스케치북과 크레파스를 꺼내놓고 아이들을 부른다.

"여기에 있는 나무, 돌, 꽃. 가재는 무슨 색이지? 너희가 보고 있는 것과 똑같은 색깔을 찾아서 한번 그려볼까?"

아이들은 어느새 자기가 보고 만지고 놀았던 것들을 스케치북에 표현하기 시작한다. 정해진 규칙은 없다. 그냥 아이들이 느끼는 대로 그리게 한다.

나무표면이 거칠거칠한 것을 본 큰아들은 나무를 그릴 때 거칠거칠하게 색을 칠했다. 이것을 보고 큰아들의 뛰어난 관찰력을 발견하기도 했다. 둘째 아들은 보고 만졌던 것을 세세하게 스케치북에 가득 그려 넣는다. 막내딸은 색깔에 민감했다. 같은 것을 보고도 표현해내는 것이 제각각인 점이 참 신기했다.

이렇듯 가까운 체험학습이 우리 가족여행의 시작이었다. 여행에는 가족여행도 있고 단체여행도 있고 혼자 가는 배낭여행도 있다. 종류도 다양한 만큼 여행은 목적도 다르다. 여행을 다닐 때마다 목적과 의미를 부여한다면 너무나 유익한 여

행으로 기억에 남을 것이다. 낭만적인 여행 속에서 우리 가족
이 즐겼던 캠프파이어는 잊을 수 없는 좋은 추억으로 자리 잡
고 있다.



가수 박인희의 〈모닥불 피워놓고〉 노래가사다. 이 노래 가
사처럼 인생은 연기 속에 재를 남기고 말없이 사라지는 모닥
불 같은 것이라는 걸 깨닫는 순간 자유를 안겨주었다.

오늘이 인생의 마지막 날인 것처럼 열심히 살면서 아름답
게 이야기를 만드는 삶의 주인공이 여러분이 되기를 바란다.
이제 훌쩍 커버린 아이들이 그동안 못다 한 이야기를 나누고
싶다며 큰아들이 가족여행 제안을 했다. 이번 여름에는 전주
한옥마을 여행을 가기 위해 정보를 수집하고 있다.

# 미래 독서방을 만들자

기적의 새라 불리는 앨버트로스 새는 날갯짓으로 날지 않고 바람을 이용해 비행하는 새로 널리 알려져 있다. 앨버트로스는 폭풍도 두려워하지 않고 맞서 이긴다. 앨버트로스의 큰 날개는 바람을 타고 날 수 있는 장점도 있지만 한편으로 치명적인 단점이 되기도 한다. 그래서 자유자재로 비행을 하기까지 8년여에 걸쳐 생존을 위한 치열한 연습을 한다. 그렇게 스스로 테스트를 통과하면 하루에 500km까지 이동이 가능하고, 50일을 쉬지 않고 비행하며 수명도 무려 80년이나 된다고 한다. 그래서 모두들 앨버트로스를 '기적의 새'라고 부른다.

가정에서 독서는 앨버트로스의 치열한 연습과 같다. 독서를 통해 인생의 고난을 이겨내고 멀리 비행할 수 있다고 생각한다. 책을 통해 어려움을 어려움으로, 환난을 환난으로 보지 않고 전진의 계기로 삼으며 많은 인생의 선배들이 남기고 간 삶의 지식과 지혜를 간접 경험할 수 있다.

이미 우리 인생의 답을 찾을 수 있도록 준비되어 있다는 사실이 경이롭지 않은가! 부지런한 새가 먹잇감을 많이 발견할 수 있듯이 책을 부지런히 찾는 사람이 인생의 답을 많이 찾을 수 있다. 꾸준히 책을 보는 사람만이 인생의 답을 찾아 내 것으로 만들어 풍요로운 행복을 만들어낼 수 있다.

독서는 생각의 힘을 키우고, 보이지 않는 세계를 볼 수 있으며 자기가 경험할 수 없는 세계를 경험할 수 있게 한다. 그렇게 우리는 독서를 통해 미래로 전진할 수 있다. 때로 독서는 자신을 온전히 해부해서 들여다볼 수 있는 거울이 되기도 한다. 그런데 이 모든 장점에도 불구하고 우리는 독서를 즐기지 못한다. 생활이 바빠 책을 읽을 시간을 낼 수 없다는 이유에서다.

〈습관의 재발견〉이라는 책을 보면, 하루에 2쪽씩 꾸준히 독서하라고 조언한다. 결국 시간이 없다는 것은 핑계일뿐이라는 뜻이다. 마음만 있다면 방법은 얼마든지 있다. 결국 누적의 힘이 습관을 만들고 좋은 습관은 좋은 성공을 부른다.

누구든지 성공은 하고 싶어하는데 성공을 위한 기본기를 쌓지 못하는 이유는 무엇일까? 나의 게으름 때문이 아닐까 진지하게 고민해보아야 한다.

- 책이 없는 집은 문이 없는 가옥과 같고, 책이 없는 방은 혼이 없는 육체와도 같다. _키케로
- 집은 책으로 꽉 채우고 화원은 꽃으로 메꾸어라. _엔드류 랑그
- 부자가 되기 위한 욕심보다 독서로 더 많은 지식을 취하라. 부는 일시적인 만족을 주지만 지식은 평생토록 마음을 부자로 만들어 준다. _소크라테스

아무리 주의를 둘러보아도 인생의 모델을 찾을 수 없었던 시절, 우연히 한 권의 책과 만남 속에서 희열을 느끼고 꿈을 꾸기 시작했다. 어려운 환경 가운데 '왜 살아야 하나?'라는 고민을 하며 하루하루를 힘겹게 보내야 했던 고등학교 1학년

때였다. 그때 나는 〈위대한 약속〉이라는 책을 보게 되었다.

여섯 살 에 눈이 먼 소녀가 가난과 맹인이라는 핍박에 굴하지 않고 고학으로 여학교를 졸업하고 일본 유학까지 도전했다. 36세 나이에 홀로 미국에 가 대학을 마치고 나서는 안락한 생활을 뿌리치고 한국으로 돌아와 한국 최초로 여자 목사가 되었다는 줄거리의 책이다.

굶주림과 맹인이라는 큰 장애물을 뚫고 강한 의지력으로 주위의 냉대 앞에 당당히 맞섰던 주인공은 나의 정신을 번쩍 들게 했다. 앞을 볼 수 있다는 것에 대한 감사와 함께 '맹인도 이렇게 성공할 수 있는데 나는 왜 못할까' 싶은 강한 용기가 내면 깊숙이 뿌리내렸다.

그동안 잊고 있던 책을 얼마 전 중고서점에서 찾아 다시 구입해 서재의 가장 잘 보이는 곳에 꽂아놓았다. 이 책이 계기가 되어 힘들고 어려울 때마다 책을 찾았고, 책을 통해 고단한 인생을 견딜 수 있었기에 나의 보물 1호처럼 여기고 있다.

내가 인생의 비바람을 뚫고 지금까지 무사히 비행할 수 있었던 원동력은 바로 책이었다. 이 사실을 깨닫는 순간 평생 책과 함께 하고픈 소망이 생겼다. 책은 소리 없이 인생의 스승이 되어서 인생의 방향을 잡아 줄 유일한 내 인생의 멘토이자 내비게이션이다.

진정한 부자가 되고 싶다면, 진정한 성공자가 되고 싶다면 우리 가정에 Future(미래) 독서 방을 만들어라. 가족들의 꿈과 비전을 나눌 수 있는 장소이자, 가치 있는 미래를 위한 양식 창고가 될 것이다.

욕심으로 책을 구입하여 보기좋게 진열하는 서재가 아니라 살아 움직이는 향기나는 가족 독서방을 만들어야 한다. 유익한 책은 중고서점에 가도 많이 있다. 초보 엄마들이 아이에게 필요하다며 전집을 사는 경우가 있는데 개인적으로는 그보다 직접 아이와 함께 한 권 한 권 책을 골라 읽기를 권한다. 책을 고를 때에는 각자 관심있는 분야의 것을 고르는 것이 최선이다. 궁금증이 유발하여 찾고 싶은 책이 많아지도록 아이들을 유도하는 것이 바람직하다.

모락모락 피어오르는 희망의 연기가 보이지 않는가! 읽은 책 한 권에서 한 문장만 건져서 적용만 해도 인생이 달라질 것이다. 운명이 바뀔 것이다.

고인 물은 썩는 것이 이치다. 그러나 흐르는 물은 절대로 썩는 법이 없다. 우리나라는 옛날부터 나누는 것을 미덕으로 여기며 살아왔다. 경쟁이 아닌 어울림 문화 속에서 모두가 서로 도와가며 같이 슬퍼하고 같이 기뻐하며 살아가던 그러한 미풍양속이 자리 잡고 있는 만족성이다.

인간의 진정한 가치는 부와 명예가 아닌 더불어 어울려 사는 데에 있음을 명심해야 한다. 결국 인생은 빈몸으로 와서 빈몸으로 가는 것이다. 살면서 아무리 높은 자리에 올랐더라도 그 사람을 그리워하는 사람이 없다면, 의미 있는 인생이었다고 볼 수 있을까? 그래서 나는 부와 명예보다 더불어 나누며 사는 것이 더 중요하다고 믿는다.

우리 조상들은 가을에 과일을 수확하면서도 맨 꼭대기에는 열매를 남겨놓았다. 이웃인 자연, 동물과 나누기 위해서이다. 우리 가정에서도 이런 나눔의 정신을 실천해야 한다. 시장 본 뒤 생긴 동전을 돼지저금통에 모아 연말에 불우이웃을 도우면 어떨까? 큰 일을 한 것도 아닌데 보람과 뿌듯함은 이루 말할 수 없을 것이다.

나누면 우리가 베푼 것보다 더 많은 것으로 돌아온다. 기쁨은 우리 몸에서 좋은 호르몬을 배출하게 하니 돈으로 살 수 없는 것이기 때문이다. "우리 가정은 가난해서 도와줄 게 없어"라고 말하지 말자. 많은 것을 도와주라는 의미가 아니다. 가진 것 중에 나눌 수 있는 것을 나누어주면 되는 것이다.

집에서 버리게 되는 그 무엇도 어떤 사람에게는 필요한 것이 될 수도 있다. 하물며 우리가 쓰다 버리는 종이 한 장도 재활용품을 수집하는 이웃에게는 생계유지의 수단이다. 나눔을 거창하게 생각하지 말고 가까운 곳에서부터 시작해야 한다.

가까운 부모, 형제, 친척, 친구가 여기에 속한다. 내가 가난했던 시절 돈을 모아 내 집을 먼저 장만하기 이전에 형제의 빚을 갚은 것도 '나 혼자 잘 살면 과연 행복할까?' 하는 생각에서부터였다. 가까운 부모 형제가 잘살고 있다면 친척을 돌아보고 친구를 돌아보면 된다. 그다음 이웃을 살피고 나아가 굶주림에 허덕이고 있는 이들을 돌아보면 되는 것이다.

가장 가까운 어려운 부모 형제에게 도움을 주는 일을 '당연한 일'이라고 생각하는 사람도 있다. 그러나 나는 자신 있게 '자선'이라고 말한다. 내게 있는 남은 것으로 나누는 정도가 아니기 때문이다. 내가 가져야 할 것도 많은데 우선순위를 가장 힘든 가족에게 나누는 것이기 때문이다.


한 가정을 이끄는 아내 CEO는 내 가정의 경제를 안정적이고 균형 있게 조절할 줄 알아야 한다. 부모, 형제에게 나눔을 베풀 때는 자신을 희생하는 방법을 선택해야 뒤탈이 없다. 뿌린 대로 거둔다고, 이제 나는 도리어 부모, 형제의 도움을 받고 있다. 서로 상부상조하는 것이다. 이것이 나에게는 자선의 의미다.

이제는 가까운 곳을 넘어 해외까지 영향을 미칠 수 있게 되었다. 2012년 5월, 월드비전을 통해 말라위에 있는 세 아이와 결연을 맺게 되었다. 자녀들이 학업을 마치면 더 영역을 키워가려고 한다. 나눔은 새로운 희망의 씨앗이요, 우리 가정의 행복 필수품이기 때문이다.

2년 전 신문을 읽다가 검소한 예식을 치르고 선행한 공무원의 이야기 기사가 나온 적이 있다. 검소한 결혼식을 올리고 차 한 대 뽑을 돈을 아껴서 봉사단체에 기부했다는 내용이었다. 다들 인생에 단 한 번밖에 없는 결혼식은 제일 예쁘게 보이고 싶고 뽐내고 싶은 자리가 아닌가. 양가 집안의 체면을 따지면서 말이다. 오고 가는 예물이며 예단으로 인해 결혼이 깨지는 것도 심심치 않게 방송에 나오는 것이 현실이다. 그래서 이 사연이 나에게 더욱 신선한 충격으로 다가온 것 같다.

고용노동부 인천북부지청에 근무하는 9급 공무원 A 씨, 그는 7년간 연애한 신부와 결혼을 하면서 양가 부모님을 설득하며 예물, 예단을 생략했다. 전셋집 구할 돈 1억 6천만 원과 결혼비용 1천만 원을 양가가 공평하게 분담했다.
신랑 신부는 청첩장을 손으로 직접 쓰고, 의상도 직접 마련했다. 턱시도와 드레스를 입지 않고 신랑은 할인매장에서 산 17만 원짜리 양복을 입고 신부는 평소에 입던 옷 중 제일 예쁜 정장을 나는 이 기사를 오려 가계부 맨 앞에 붙여 놓았다. 우리 아이들은 결혼을 일찍 하고 싶어한다. 자녀들에게 "엄마는 이런 결혼식에 감동을 받았는데 너희들 생각은 어때?" 물었더니 다들 흔쾌히 좋다고 동의한다.

이 가정이 지금 어떻게 사는지 알 수는 없지만 행복한 가정을 만들어 가정의 소중한 가치를 실천하고 있을 것이다. 더불어 많은 가정에 선한 영향력을 미치고 나누는 삶을 계속 실천하며 행복 바이러스를 전파하고 있지 않을까 생각해본다.

지나친 허례허식은 남에게 보여주기 위한 것뿐이지, 시간이 지나고 나면 아무것도 아니었음을 중년이 지나고서야 알게 되었다. 이런 허례허식 때문에 빚을 내서 결국 파혼에 이른 가정도 있다고 하니 안타까운 일이다.

고인 물은 언젠가는 썩듯이 우리 가정에 행복이 두 배가 되려면 나눔의 미덕이 필수임을 잊지 말자.


사람들은 불합리하고 비논리적이고 자기중심적이다.
그때에도 일심으로 사랑하도록 노력하자.


내가 선한 일을 하면
이기적인 동기에서 하는 거라고 비난을 받을지도 모른다.
그때에도 일심으로 좋은 일을 하도록 노력하자.


내가 성실하면
거짓된 친구들과 진짜 무서운 적을 만날지도 모른다.
그때에도 일심으로 성실하도록 노력하자.


내가 정직하고 솔직하면 상처받을지도 모른다.
그때에도 일심으로 정직하고  솔직하도록 노력하자.


내가 여러 해 동안 만든 것이 하룻밤에 무너질지도 모른다.

그때에도 일심으로 만들도록 몸부림쳐보자.

사람들은 도움이 필요하면서도 도와주면 공격할지도 모른다.
그때에도 일심으로 도와주도록 노력하자.

세상에서 가장 좋은 것을 주면 당신은 발길로 차일지도 모른다.
그때에도 일심으로 가진 것 중에서 가장 좋은 것을 주도록 노
력하자.

**〈세상은 꿈꾸는 자의 것이다〉 중에서 발췌**


내가 따뜻해지려면 가장 좋은 것을 주어라. 가장 좋은 것을
주면 내가 따뜻해진다. 결국 행복은 마음 먹기에 달려 있고
내 안에서부터 나오는 것이다.

# 우리 집 버킷리스트를 만들어라

가정은 그 어느 곳보다 편안하고 쾌적해야 한다. 가족들의 제일 편안한 안식처이며 지치고 피곤한 육신을 편하게 쉬면서 힐링하는 장소가 되어야 한다. 그러기 위해서는 가정이 환경적으로나 정신적으로 안정되어 있어야 한다.

왕실을 상상해 보자. 화려함 속에 정갈하게 정리되어있는 분위기가 떠오르지 않는가. 가정도 그래야 한다. 고급 가구, 고급 장식이 없어도 가족의 필요에 맞는, 생활하기에 불편함이 없는 배치를 고려해야 한다. 편히 쉬고 싶은 침대방, 의류가 잘 정리정돈 되어있는 수납장, 책을 읽고 싶은 분위기의 독서방, 웃음이 떠나지 않으며 건강을 챙길 수 있는 주방, 명상할 수 있는 화장실, 상쾌하고 뽀송뽀송하여 기분을 좋게 하는 세탁실. 집 안의 모든 공간이 아름답고 청결하게 정리정돈 되어 있으면 누구나 대접받는 느낌이 들 것이다.

여기서 물건들이 많으면 정리하고 치워도 표시가 나지 않는다. 돈을 들이지 않고도 예쁘고 깔끔하게 단장하고, 언제든지 여행 갈 준비가 되어있고, 가족들이 하고 싶은 일을 마음껏 할 수 있는 편안한 공간이 되도록 신경 써야 하는 것이 아내 CEO의 의무다. 그렇게 집 안 곳곳에 에너지가 넘치게 하면 가족들도 힘을 얻고 편안히 휴식을 취할 수 있다.


사람은 환경의 지배를 받는 존재다. 분위기가 얼마나 심리적으로 큰 영향을 미치는 이미 알려진 사실이다. 공간의 활용성, 행복한 느낌이 물씬 풍기는 분위기 속에서 가족들과 함께 버킷리스트를 만들어보자.

정신적으로 쉼을 얻을 수 있는 우리 가정이 이루고 싶은 것을 생각날 때마다 하나씩 적는다. 가족과 꼭 함께 하고 싶은 것도 적는다. 가고 싶은 곳도 적는다. 작고 쉬운 것부터 적은 후에 냉장고 문 같은 잘 보이는 곳에 붙이고 하나씩 성취해나가는 것이다.

1985년 코넬 대학에서 철학과 2학년 학생 35명 대상으로 버킷리스트를 작성하고 15년 후 삶을 살펴보았다고 한다. 진지하게 작성한 17명은 사회적 지위도 높고 경제적으로 풍요로운 삶을 살고 있었고, 삶에 대한 만족도도 압도적으로 높았다고 한다.

얼마 전 친구에게 좋아하는 것과 하고 싶은 것 30개만 적어보라고 했더니 5개밖에 없다고 말했다. 그녀는 "평상시에 아무 생각 없이 살았네"라고 하며 자신을 되돌아보는 계기가 되었다고 말했다.

버킷리스트는 내가 무엇을 꿈꾸고 있는지 일깨워주는 역할을 한다. 많이 생각할수록 이룰 방법도 찾게 되어있다. 꿈의 크기는 중요하지 않다. 진심으로 내가 원하는 것이 무엇인지 그 자체를 적으면 되는 것이다.

액자 속 꿈은 치워버리라는 말이 있듯이 한번 툭 던지고 잊어버릴 것 같은 버킷리스트는 무용지물이다. 막연히 생각만 하다가 공중분해되기 십상인 계획보다 현실 가능성이 있고 구체적인 일을 버킷리스트에 올려야 한다. 여기에 우리 집 버킷리스트 몇 가지를 소개한다.


• 2015년 5월 기준 우리 가족 버킷리스트 •

1. 가족 전주 한옥마을 2박 3일 여행

2. 가족 유럽 여행

3. 남편과 단둘이 푸켓 여행

4. 국내 봉사활동 하기

5. 가족사진 찍기

6. 아프리카 아동 100명 돕기

7. 텃밭이 있는 100평 별장 갖기

8. 양가 부모님과 제주도 여행

9. 한 달에 한 번 영화 보기

10. 매일 성내천 걷기 운동

11. 탯줄 도장 만들기

12. 안방 커튼 바꾸기

13. 김치 냉장고 바꾸기


이렇게 구체화해서 현실로 이루어내는 것은 우리 가정을 더 풍요롭게 할 뿐 아니라 사계절 꽃피는 가정이 될 것이다. 여기에 더해 나만의 버킷리스트도 만들어보자. 또한 아이들의 버킷리스트도 만들어보라고 한 뒤 서로 나누어보자.

거창하지 않아도 하고 싶은 것, 갖고 싶은 것, 보고 싶은 것, 가고 싶은 곳, 되고 싶은 일 등 나만의 색깔을 찾아서 신바람 나게 현실로 만들어 나가는 것이다. 하나씩 이루어 나갈 때마다 얼마나 신이 나고 활력소가 되는지 모른다.

여기, 나의 2015년 버킷리스트도 공개한다.

• 2015년 5월 최미영의 버킷리스트 •

1. 컴퓨터 배우기

2. 영어 배우기

3. 사자성어 162개 알기

4. 동기부여 강사 되기

5. 가정 사역 코칭하기

6. 남편 롤렉스 시계 사주기

7. 딸 14K 목걸이 사주기

8. 부모님 오리털 점퍼 사드리기

9. 1년에 50권 이상 책 읽기

10. 10평 개인 서재 만들기

11. 현금 5억 원 만들기

이 외에도 28개에 가까운 버킷리스트가 책상 앞에 붙어 있다. 책상에 앉을 때마다 바라보면서 빙그레 웃는다. 목표를 정했으니 현실로 만들어야 하는 각오를 날마다 새롭게 하며 일일스케줄러에 구체화해서 체크해나간다.

버킷리스트를 작성한 학생들의 연구결과에 확연히 답이 나온 것처럼 내가 무엇을 꿈꾸고 있는지를 날마다 일깨워주는 역할을 하는 것이 바로 버킷리스트다. 지금보다 나은 행복한 가정을 원한다면 반드시 해보기를 바란다. 누적의 힘은 작은 습관에서부터 만만하게 시작하는 것이다.

앞으로 1년 후, 5년 후, 10년 후, 20년 후 모습을 그려보며 이루고 싶은 것을 다 적어라. 가슴이 부풀어오를 것이다. 20년 후 할머니가 되었을 때 나의 모습도 구체적으로 상상해보자. '만약 내가 암에 걸린다면?', '만약 내가 치매에 걸린다면?' 생각만으로도 막막하지만 막상 옆에서 이 일을 겪는 사람들을 통해 좋은 모습만 관찰했다가 내가 그런 상황에 닥치게 된다면 어떻게 대처할지 미리 생각해 놓으면 죽음도, 치매도 두렵지 않다.

"엄마가 만약 치매에 걸려서 너희들을 알아보지 못한다면 너희들은 어떻게 할 거니?"

"엄마를 잘 모셔야죠" 세 아이들 입에서 나온 말이다.

"아니. 엄마는 그렇게 생각하지 않는다. 왜냐면 너희들 생활이 안 되기 때문이야. 그래서 엄마가 치매에 걸렸을 때 대비하여 보험을 들어놨다. 이 보험으로 좋은 요양원에 보내다오. 그리고 일주일에 한 번씩 엄마 얼굴 보고 손만 잡아주고 가거라"

미리미리 정신이 멀쩡할 때 자녀들에게 유언을 남겨 놓는 것도 나쁘지 않다고 생각한다. 부모가 자녀들에게 남기고 가야 할 흔적을 미리 준비하는 것도 지혜롭다고 생각한다.

나의 흔적은 일기와 가계부, 일일체크리스트, 버킷리스트 노트가 될 것이다. 오늘이 마지막인 것처럼 하루하루 최선을 다하는 삶은 아름다운 흔적으로 남아 자녀들에게 좋은 모델이 될 수 있는 씨앗을 남겨주는 것과 같다.

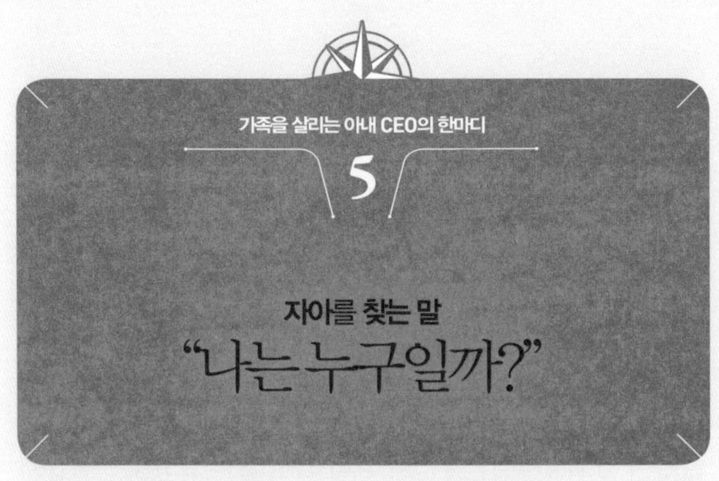


많은 사람들에게 요리의 재료를 똑같이 나누어주고 제한 시간 안에 요리를 만들게 하면 제각각 맛이 다른 요리가 나온다. 이것이 인생의 맛이다. 전 세계 어느 한 사람도 같은 사람이 없으니 말이다.

똑같이 주어진 인생을 살라고 사랑이라는 재료를 주었는데 왜 맛이 다를까? 맛에는 쓴맛, 단맛, 매콤한 맛, 신맛, 떫은 맛, 달콤한 맛, 짠맛 등이 있다. 저마다의 맛은 나름의 매력이 있다. 다양한 맛 때문에 식성이 생긴 것이다. 우리들은 이 맛을 다 인정한다. 그렇다면 우리 인생도 다 다르지만 인정하면 그만이다. 자기만의 식성이 있듯이 자기다움이 있어야 한다. 스스로가 자신을 얼마나 인정하느냐에 따라 자기다움의 맛이 나온다.

나의 맛은 어떻게 찾을까? 정답은 '자기다움을 사수하는 것'이다. 찾는 즐거움과 발견되는 기쁨은 대가를 치루어야 더 기쁘고 오래간다. 자기를 찾는 즐거움과 자기를 발견하는 기쁨에는 대가가 따른다. 때때로 쓴맛을 낼 때도 있으며 신맛을 낼 때도 있어서 실망할 때도 있다. 하지만 실패는 성공의 어머니라는 말처럼 실패를 인정하고, 실패의 원인을 찾고, 한 번의 실수를 인정하고, 여러 번 반복되지 않도록 실수의 원인을 찾으면 된다. 그렇게 많은 시행착오를 거쳐 자기만의 맛이 나오는 것이다.

"엄마 이제 우리들도 다 컸는데 엄마가 하고 싶었던 거 하세요. 엄마 인생을 찾으세요."

미국에 있는 큰아들 입에서 나온 말이다. 깜짝 놀랐다. 이제 아이들이 훌쩍 커서 엄마 인생을 챙기라고 말한다. 한국에 있는 엄마들과 미국에 있는 엄마들을 비교해서 나온 말 같기도 하다. 참으로 열린 생각이다.

전화를 끊고 한참을 생각했다. '내 인생이 뭐지?', '내 인생이 뭘까?', '내 색깔은 뭘까?', '나만의 맛은 뭘까?' 꼬리에 꼬리를 물고 나의 인생을 찾아보았지만 난 그저 아이들 뒤치다꺼리하고, 남편 내조하과, 매일 밥이나 하는 아줌마일 뿐이었다. 아이들의 엄마, 남편의 아내일 뿐이었다. 나만의 일이 없었던 것이다. 부지런히 허리띠를 졸라매고 재테크를 하며 하루하루 흘러왔던 것뿐이었다.

"인생은 흘러가는 것이 아니고 채워가야 하는 것이다. 우리는 하루하루를 내가 가진 그 무엇으로 채워가야 한다"라는 존 러스킨의 말이 생각이 났다.

'나는 나를 위해 무엇을 채우며 왔지?'

아무리 생각해도 나를 위해 챙긴 것이 도무지 생각이 나지 않았다. 그래서 서점으로 달려갔다. 자기계발서 코너에 가서 책 제목을 보고 뒤적뒤적 거리며 내용이 맘에 와 닿는 세 권의 책을 사가지고 집으로 돌아왔다.

책을 읽던 중 "내 옆에 있는 사람들에게 인생의 책임을 돌리지 말자"라는 글귀에 정신이 번쩍 들었다. 바로 나를 표현한 말이었기 때문이었다. 나는 원망만 쌓다가 하마터면 가족들에게 내 인생의 책임을 돌릴 뻔했다.

여자 나이 쉰이 다 되어가면 아이들은 성인이 된다. 더 이상 엄마의 손길을 필요로 하지 않는 것이다. 그때 인생의 허무함을 느끼며 우울증에 빠지거나 공황장애가 온다는 말을 선배들을 통해서 듣고 있었다. 나도 예외가 아니었다.

그동안 삶이 바쁘다는 핑계로 나를 계발하지 않았기 때문에 나를 나타낼 수 있는 이력 하나 제대로 갖고 있지 않았다. 일을 찾아 나서보지만 아무 데도 받아주지 않는다. 내가 할 수 있는 일이라곤 청소하는 일이나 식당에서 설거지하는 일 뿐이다. 한심하기 짝이 없는 노릇이었다.


내가 제일 잘할 수 있는 것이 무엇인지 끊임없이 생각을 이어가던 중 부동산 경매로 많은 부를 축척한 15년 지인의 권유로 부동산 경매 과정을 공부하기 시작했다. 어려운 경제 용어, 법률 용어도 많고, 숫자 계산도 해야 했다. 익숙지 않은 인터넷 사이트와 법원도 드나들어야 했다. 집에만 있던 아줌마에게는 사실 버거운 일이었다. 그러나 어렵게 시작한 공부를 이대로 접을 수는 없다는 생각에 수업에 집중하고, 집에 와서 복습을 반복했다.

무엇인가를 배우는 것만큼 신나는 일도 없다. 여자가 자기 일이 있을 때 당당해진다고 하더니 이 말이 딱 맞다 싶었다.

진짜 나로 살 때 행복할 수 있고 가족들을 행복하게 할 수 있다는 것을 깨닫는 순간 무슨 일이든 열심히 하고 싶었다. 이것이 내 방식대로 가족을 사랑하는 길이라고 생각했다.

내가 당당해지자 가족들이 나를 바라보는 눈도 달라졌다. 그동안은 아내, 엄마로서만 인정받았지만 이제 나는 여자 최미영으로서도 인정받는다. 또 가정을 전문적으로 경영하는 사람으로도 인정받고 있다.

성장하는 아내 CEO는 아름답다. 요즘은 집에만 오래 있던 가정주부들도 재테크며 세테크며 자랑스럽게 지식을 말한다. 문화센터나 사회교육대학원을 다니며 적극적으로 필요한 지식을 배우는 주부도 많다. 이들은 아내 CEO로서 뛰어난 자질을 갖춘 사람들이다.

최근 '자(自)테크'라는 말을 들었다. 스스로 자기를 관리하여 자기다움을 만들어 자기만의 성과를 얻는다는 뜻이다. 우리 가족은 자테크를 잘하는 가족이다. 나도 이제 자테크를 시작했다. 가족들의 도움이 없었다면 힘들었을 것이다.

사람들은 인생을 달리는 기차에 비교를 한다. 우리의 인생 기차는 모두 종착역을 향해 달린다. 그러나 기차가 종착역에 다다르기까지 어떤 역을 거쳐 어떤 풍경을 보려 달릴 것인지는 자신이 정해야 한다. 그래서 나는 오늘이 마지막 날인 것처럼 살려고 노력한다.

가족들의 모두 각가의 인생 종착역이 있다. 종착역에 도착하기 전에 자기다움을 찾아서 오늘을 천 년처럼 멋지게 살 수 있도록 호감의 법칙을 사수하는 법을 찾기를 바란다.

호감의 법칙을 찾기 위해서는 소통이 필요하다. 각자 있는 그대로 보고 상대방의 입장에 서서 "그럴 수 있겠구나" 인정하는 것이다. 인정하기 위해서는 이해와 공감이 필요하다. 상대방이 이해할 수 있도록 배려하는 것도 필요하다. 이럴 때 공감이 일어나며 의사소통이 되는 것이다. 의사소통이 되어야 각자의 인생을 존중할 수 있게 된다.

# 아내 CEO들이여
# 세상을 바꿔라!

아날로그 시대를 지나 디지털 혁명시대라고 부르는 21세기에 살고 있는 지금. 우리 가정은 어디로 가고 있는지 점검해보아야 한다. 이 시대의 흐름에 맞게 우리 가정에 중요한 것은 무엇인지, 어떻게 가족들을 이 무한 경쟁 속에서 도와줄 수 있는지 찾아야 한다. 가정이 존재해야 하는 이유를 찾는 것이야말로 이 시대에 부응할 수 있는 길이다.

'왜 아내도 CEO가 되어야 하는가?', '왜 아내 CEO로 가정을 경영해야 하는가?' 하는 질문을 던지고 신념과 목적의식을 세워야 한다.

누군가 당신의 직업을 물으면 당당히 "아내 CEO입니다"라고 답하는 모습을 상상해보자. 얼마나 멋진가. 이제 가정에도 기업의 시스템을 도입해서 혁신적인 스토리가 있는 브랜드를 창출해야 한다.

틀에 박힌 정형화된 아날로그 방식의 가정을 혁신해야 한다. 위대한 리더들을 배출시, 미래의 생존을 책임지는 리더들이 우리 가정에서 배출되어야 한다. 그러기 위해서는 우리 가정만의 자기다움, 차별화, 삶의 가치의 응축물이 있어야 한다. 의식주를 해결하는 전통적인 역할에서 벗어나, 가정에서 인격독립체를 세우고 이 시대가 필요로 하는 리더를 배출하겠다는 생각만이 가정을 온전한 기업으로 만든다.

"나 하나쯤이야"라고 말하지 말자. 세상이 어둡고, 사회가 어둡다 말하기 전에 우리 가정이 어둡지 않은가 돌아봐야 한다.

아내 CEO는 촛불이 되어야 한다. 아내가 스스로 자기 몸을 녹여 빛을 내는 만큼 가정의 구성원들이 세상을 밝게 비출 것이다. 아내의 희생은 무조건적인 희생이 아닌, 미래를 담보로 하는 투자이다. 이것이 미래에 대한 혜안이라고 나는 말하고 싶다.

전업주부 23년 차. 말도 많고 탈도 많은 시간들이었다. 지금까지 풀어놓은 이야기들이 내 인생을 나타내기에는 한없이 부족하지만 한 사람이라도 공감하고 변화하는 데 동기부여만 될 수 있다면 하는 마음으로 나의 사생활을 펼쳐놓았다. 지금은 '가정을 경영하는 아내 CEO'라는 타이틀을 찾았지만 세상에 없는 모델을 찾아가며 힘겹게 걸어온 길이다. 그 결과로 아이들이 잘 성장해서 자기다움을 찾으며 미래를 설계하고 열심히 뛰는 모습이 너무나 대견스럽다.

여기까지 올 수 있었던 것은 일기, 가계부, 책 덕분이었다. 가정에서 가장 중요한 것은 아내 CEO의 마인드다. 이것을 잡아주고 성장시켜준 것이 바로 일기다.

그리고 경제력이 없으면 아무리 좋은 계획을 가지고 있다

할지라도 물거품으로 사라지고 만다. 허리띠를 졸라매고 미래에 대한 교육전략을 짜서 차곡차곡 써 내려갔던 가계부가 경제력을 키워주는 큰 원동력이 되었다.

주변 가정들을 참고할 수는 있었지만 모델은 될 수 없었다. 주위에서 찾는 것은 한계가 있어서 서점에서 찾았다. 유일하게 미래에 대한 혜안을 가질 수 있었던 것도 책이었다.


아내 CEO는 한결같은 전략을 성취해나가야 한다. 목적의식이 분명하면 우선순위가 생긴다. 우선순위는 지금 당장 해야 하는 가장 중요한 일이다. 최종 목표를 달성하기 위해 지금 당장 할 수 있는 단 하나를 찾는 것이다.

지금의 목표를 찾고 달성하면서 하루 목표, 한 주 목표, 한 달 목표, 1년 목표, 5년 목표, 최종 목표의 단계에 올라야 한다. 이것이 아내 CEO의 철학이 되고 역사가 된다. 아내 CEO가 달라지면 가정환경도 달라지게 되어 있다. 그래서 아내 CEO의 철학이 중요하다.

일본 미야자키 현의 사찌지마 섬에서 원숭이를 고구마로

길들일 때 이야기다. 처음에 원숭이들은 고구마에 묻은 흙을 손으로 툭툭 털어내고 먹었다. 그러던 어느 날 한 원숭이가 고구마를 씻어 먹기시작했다. 그러자 다른 원숭이들도 흉내를 냈다고 한다. 그리고 얼마 후부터는 모든 원숭이들이 씻어 먹게 되었다고 한다. 여기서 끝이 아니다. 고구마 씻기를 하는 원숭이 수가 어느 정도까지 늘어나자 이번에는 사찌지마 섬 이외 지역의 원숭이들 사이에서도 똑같은 행위가 동시다발적으로 나타났다고 한다. 불가사의하게도 이곳에서 멀리 떨어진 다카자키산을 비롯한 다른 지역에서 서식하는 원숭이들까지도 역시 고구마를 씻어 먹기 시작했다고 한다. 그들 사이에 아무런 접촉도 없었고 의사소통도 할 수 없는 상황에서 마치 정보가 흘러들어간 것처럼 똑같은 행동을 했던 것이다.

이것을 보고 미국의 과학자 라이언 왓슨은 '100마리째 원숭이 현상'이라고 이름 붙였다. 이 불가사의한 현상은 1994년 공식적으로 인정되었다고 한다.

나는 이 대목을 통해 '아내 CEO' 캠페인을 어떻게 펼쳐나갈 것인지 계획했다. 가정주부 한 사람 한 사람이 자신감을 가지고 당당하게 "나는 가정을 경영하는 아내 CEO다"라고 말하기 시작한다면 아내 CEO의 긍정 에너지가 확산되지 않겠는가!

'평범한 아줌마'라는 자신 없는 타이틀은 버리자. 남편을 세우고, 아이들을 발견하는, 가정을 매니지먼트하는 아내 CEO가 되어서 당당한 목소리를 찾아라.

세상의 가장 작은 단위는 가정이다. 가정이 바뀌면 세상이 바뀐다. 가정을 어떻게 경영하느냐에 따라 인류의 운명이 바뀌는 것이다.

아내들이여, 당신이 세상에서 가장 위대한 경영자라는 사실을 잊지 말자. 변화는 바로 나로부터 시작이다. 자신감을 가지고 당당하게 세상에 나서라!

**대한민국 1호 아내 CEO**
## 최미영

## 부자는 모두 사모펀드로 돈을 번다

김태희 지음 | 13,800원

**현직 투자 큐레이터가 알려주는
국내 최초 사모펀드 투자 매뉴얼!**

고급 정보를 통해 적은 돈으로도 안정성과 고수익 두 마리 토끼를 동시에 잡는 유일한 투자가 바로 사모펀드다. 사모펀드는 지난 20여 년간 전 세계적으로 평균 11%가 넘는 수익률을 기록했다. 그러나 최소투자금이 워낙 컸기에 부자나 기관들만의 전유물로 여겨졌다. 하지만 이제 평범한 월급쟁이도 참여할 수 있는 소액 상품들이 늘어나고 있다.

1% 초저금리 시대, 모든 부자들이 열광하는 투자 방법인 사모펀드로 눈을 돌려라! 글로벌 사모펀드 시장 정보부터 믿을만한 투자회사와 상담사 선정까지, 이 책이 당신을 위한 완벽한 가이드가 될 것이다

## 부자근육을 키워라

백승혜 지음 | 13,800원

**부자근육이 있으면 보고 듣는 모든 것이 돈이 된다!
평범한 당신도 하루 10분 재테크 공부만으로
부자근육 키워 부자 되는 6단계 트레이닝!**

많은 사람이 해마다 '이것만 따라 하면 금방 부자 된다'고 주장하는 책을 읽고 새해 재테크 계획을 세운다. 하지만 대부분은 한두 달 만에 금방 지쳐 포기한다. 그리고 연말이면 다시 계획을 세우고 포기하기를 반복한다. 부자가 되고 싶은 마음은 굴뚝같은데 왜 한 번도 계획을 지키지 못할까? 바로 '기본기'가 없기 때문이다. 부자가 되려면 재테크 '기술'을 익히기에 앞서 어떤 지식과 정보도 돈 되는 정보로 바꿔주는 '부자근육'을 키워야 한다. 저자는 하루 10분 재테크 공부만으로 부자근육 만드는 법을 6단계로 제시한다. 부자가 되고 싶은 열망만 있고 시도는 해보지 못했거나 무엇부터 시작해야 할지 모르는 사람, 재테크를 시작해도 금방 포기하는 사람이라면 이 책으로 탄탄한 내공을 다질 수 있을 것이다.

# 10배 경매

임경민 지음 | 16,000원

**17년간 부동산 경매에 올인한 경매의 신이 알려주는 바로 벌고, 많이 벌고, 평생 버는 경매 투자 노하우!**

대한민국에서는 자신의 집과 30억 원의 재산이 있어야 겨우 '부자' 소리를 들을 수 있다. 한 달에 100만 원씩 저축해도 250년이 걸리는 액수다. 결국, 월급만으로는 부자가 될 수 없다. 그렇다면 평범한 사람이, 빨리 부자가 될 수는 없을까? 임경민 저자는 '부동산 경매야말로 가장 쉽고, 안전하며, 수익률이 좋은 투자'라고 말한다. 온갖 투자를 섭렵한 그가 최종으로 택한 것이 바로 '부동산 경매'다. 특히 그는 "수십 채로 월세를 받는 것보다, 단기임대 후 매매하는 것이 훨씬 안전하고 수익률도 좋다"고 주장한다. 책에는 꼭 필요한 경매 지식과 수익 올리는 노하우가 가득하다. 특히, 투자금 대비 10배가 넘는 수익을 수차례 올린 저자의 실제 사례들이 낱낱이 공개되어 있다.

# 기적의 절세법 시리즈

장중진, 정해인 지음 | 15,000원

**안 내도 될 세금 아껴주는 기적의 절세법!**

〈기적의 절세법〉 시리즈는 누구나 알아야 할 절세 가이드이다. 최고의 세금 전문가들이 간단한 세법 상식만으로 '안 내도 될 세금'을 더 내는 일이 없도록 도와준다.

내지 않아도 될 세금은 내지 않는 '절세'야말로 순수익 높은 비즈니스의 기본이다. 매출 1억 원을 올려도 비용과 세금을 제하면 남는 것은 1천만 원에도 못 미치는 경우가 많은 반면, 세금은 아낀 금액 그대로가 남는 돈이기 때문이다.

〈기적의 절세법〉시리즈 1권, '부가가치세 편'에서는 부가가치세 절세를 통해 매출 1억 원을 이기는 비즈니스를 하는 법을 알려주고, 2권 '상속세 편'에서는 상속재산 확인부터 세금 신고, 계산, 절세, 세무조사 대처까지 집 한 채만 있어도 꼭 알아야 하는 상속 증여세의 모든 것을 알려준다.